AF358997

DÉPOT LÉGAL
Loiret
N° 11
1868

NEMENTS PR

Espagne.) 1479. Ferdinand le Catholique. Prétentions sur Naples comme ligne légitime.	aristocratique. 1469. Laurent et Julien. Conspiration des Pazzi. — Meurtre de Julien. 1478. Laurent le Magnifique et le Père des Muses. — Gloire de Florence. — Sa libéralité envers les savants. — Son ascendant. — Jérôme Savonarole. 1494. Pierre II contre puis pour Charl. VIII. — Mort de Savonarole.	Galéas Marie. — Faste, — Tyran — Il est assassiné trois gen hommes. 1476 Jean Galéas Marie Huit a — Il est nu pris nier pa oncle Lu vic le M qui régn son nom Usurpa de Ludo le Mor 1493 Guerre d'Ital Charles appelé ligue co lui ensu 1499, Louis X à Mila	...le des ..., qui comp- ...ands et souverains.	capitale est comme un lieu de pèlerinage pour les Arabes, le rendez-vous de leurs vaisseaux, et le plus célèbre et le plus riche des marchés de cette contrée. — Dans la région septentrionale, un arrière-petit-fils de Tamerlan, fonde, en 1494, un EMPIRE INDIEN. 1498. Les Portugais abordent la côte orientale de Malabar. — Vasco de Gama.	AFRIQUE

...tuelle anarchie, et périssent presque tous de mort violente. Une courte guerre contre Bajazet, ouvre la

...cid sous le nom d'Inde Occidentale. — Le Florentin **Améric Vespuce** a donné son nom à cette contrée. ...septentrionales.

2323

G

TABLEAU SYNCHRONIQUE DES ÉVÉNEMENTS PRINCIPAUX AU 15e SIÈCLE. (2e PARTIE.)

ÉGLISE.	PAPAUTÉ. Rome	PAPAUTÉ. Avignon	FRANCE.	BOURGOGNE et FLANDRE.	ANGLETERRE.	ÉCOSSE.	ALLEMAGNE. BOHÊME. HONGRIE.	ESPAGNE. Castille	ESPAGNE. Aragon	PORTUGAL.	NAPLES.	SICILE.	TOSCANE.	MILAN.	SAVOIE.	VENISE.	GÊNES.	SUISSE.	DANEM. et NORW. SUÈDE.	RUSSIE.	POLOGNE.	PRUSSE.	TURQUIE.	ASIE. Perse	ASIE. Mongolie	AFRIQUE. Cte d'Afrique	AFRIQUE. Égypte	AMÉRIQUE.
[illegible]	1417 Martin V. [illegible] 1431 Eugène IV. [illegible] ÈRE MODERNE. 1447. Nicolas V. [illegible] 1455. Calixte III. [illegible] 1458. Pie II. [illegible] 1464. Paul II. [illegible] 1471. Sixte IV. [illegible] 1484. Innocent VIII. [illegible] 1492. Alexandre VI. [illegible]	1394 Benoît XIII. [illegible]	1380. Charles VI. [illegible] 1422. Charles VII. [illegible] 1429. Jeanne Darc. [illegible] ÈRE MODERNE. 1461. Louis XI. [illegible] 1483. Charles VIII. [illegible] 1498. Valois-Orléans Louis XII. [illegible]	1419. Philippe le Bon. [illegible] ÈRE MODERNE. 1467. Charles le Téméraire. [illegible]	1422. Henri VI. [illegible] ÈRE MODERNE. [illegible] 1461. Édouard IV. [illegible] 1483. Richard III. [illegible] 1485. Henri VII. [illegible]	ÈRE MODERNE. [illegible] 1437. Jacques II. [illegible] 1460. Jacques III. [illegible] 1488. Jacques IV. [illegible]	1410. Sigismond de Luxembourg [illegible] ÈRE MODERNE. [illegible] 1437. Albert II. [illegible] 1440. Frédéric III. [illegible] 1493. Maximilien Ier. [illegible]	1406. Jean II. [illegible] 1454. Henri IV. [illegible] 1474. Isabelle. [illegible] ÈRE MODERNE. 1479. Ferdinand et Isabelle. [illegible]	1416. Alphonse V. [illegible]	1385. Jean Ier. [illegible] 1433. Alphonse V. [illegible] ÈRE MODERNE. 1481. Jean II. [illegible] 1495. Emmanuel. [illegible]	1414. Jeanne II. [illegible] ÈRE MODERNE. 1435. [illegible] 1458. Ferdinand Ier. [illegible] 1494. Alphonse II. [illegible]	1416. Alphonse V. [illegible] 1479. Ferdinand. [illegible]	Sylvestre Jean [illegible] ÈRE MODERNE. 1429. Cosme. [illegible] 1464. Pierre. [illegible] 1469. Laurent. [illegible] 1492. Pierre II. [illegible]	Jean Marie. [illegible] François Sforza. [illegible] ÈRE MODERNE. [illegible]	1417. Amédée VIII. ÈRE MODERNE. [illegible] 1465. Amédée IX. [illegible] 1472. Philibert. [illegible] 1482. Charles Ier. [illegible] 1496. Philippe II. [illegible]	ÈRE MODERNE. [illegible]	[illegible]	[illegible]	1397 Éric IX. [illegible] Charles Canutson. [illegible] 1440. Christophe de Bavière. ÈRE MODERNE. [illegible] 1448. Christian Ier. [illegible] 1481. Jean II. [illegible] 1497. Jean II. [illegible]	Wasili II. [illegible] ÈRE MODERNE. 1462. Iwan III. [illegible]	Jagellon 1386. [illegible] ÈRE MODERNE. 1444. Casimir IV. [illegible] 1492. Jean Albert. [illegible]	ÈRE MODERNE. [illegible]	Amurath II. Jean Huniade. [illegible] Scanderberg. [illegible] 1444. [illegible] ÈRE MODERNE. 1451. Mahomet II. [illegible] 1481. Bajazet II. [illegible]	[illegible] 1470 [illegible] 1499. [illegible]	[illegible]	[illegible]	[illegible]	1492. Christophe Colomb [illegible]

S

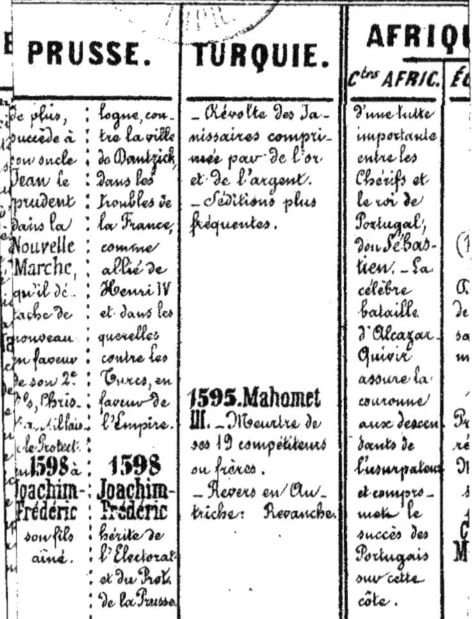

PRUSSE.		TURQUIE.	AFRIQUE	
			C^{tres} AFRIC.	É
de plus, succède à son oncle Jean le prudent dans la Nouvelle Marche, qu'il détache de nouveau en faveur de son 2e fils, Christ... le Protect. **1598** à **Joachim-Frédéric** son fils aîné.	logue, contre la ville de Dantzick, dans les troubles de la France, comme allié de Henri IV et dans les querelles contre les Turcs, en faveur de l'Empire. **1598 Joachim-Frédéric** hérite de l'Electorat et du Prot. de la Prusse.	— Révolte des Janissaires comprimée par de l'or et de l'argent. — Séditions plus fréquentes. **1595. Mahomet III.** — Meurtre de ses 19 compétiteurs ou frères. — Revers en Autriche: Revanche.	d'une lutte importante entre les Chérifs et le roi de Portugal, don Sébastien. — La célèbre bataille d'Alcazar-Quivir assure la couronne aux descendants de l'usurpateur et compromet le succès des Portugais sur cette côte.	(1 ... De sa m ... Pr ré M s C M

TABLEAU SYNCHRONIQUE DES ÉVÉNEMENTS PRINCIPAUX AU 16e SIÈCLE.

ÉGLISE.	PAPAUTÉ.	FRANCE.	[illegible]	[illegible]	ANGLETERRE.	ÉCOSSE.	[illegible]	ALLEM. EMPIRE.	HONGRIE BOHÊME.	SAXE.	BAVIÈRE.	PAYS-BAS.	ESPAGNE.	PORTUGAL.	NAPLES. SICILE.	TOSCANE.	MILAN.	SAVOIE.	VENISE.	GÊNES.	SUISSE.	DANEM. NORW.	SUÈDE.	RUSSIE.	POLOGNE.	PRUSSE.	TURQUIE.	AFRIQUE. [illegible]	AFRIQUE. ÉGYPTE.	ASIE. PERSE.	ASIE. [illegible]	ASIE. [illegible]	AMÉRIQUE. [illegible]	AMÉRIQUE. [illegible]
[illegible]	[illegible]	[illegible]	[illegible]	[illegible]	[illegible]	[illegible]	[illegible]	[illegible]	[illegible]	[illegible]	[illegible]	[illegible]	[illegible]	[illegible]	[illegible]	[illegible]	[illegible]	[illegible]	[illegible]	[illegible]	[illegible]	[illegible]	[illegible]	[illegible]	[illegible]	[illegible]	[illegible]	[illegible]	[illegible]	[illegible]	[illegible]	[illegible]	[illegible]	[illegible]

vec ca-
pnque.
Devant
jeski.
poursui-
par le
de Lorr.

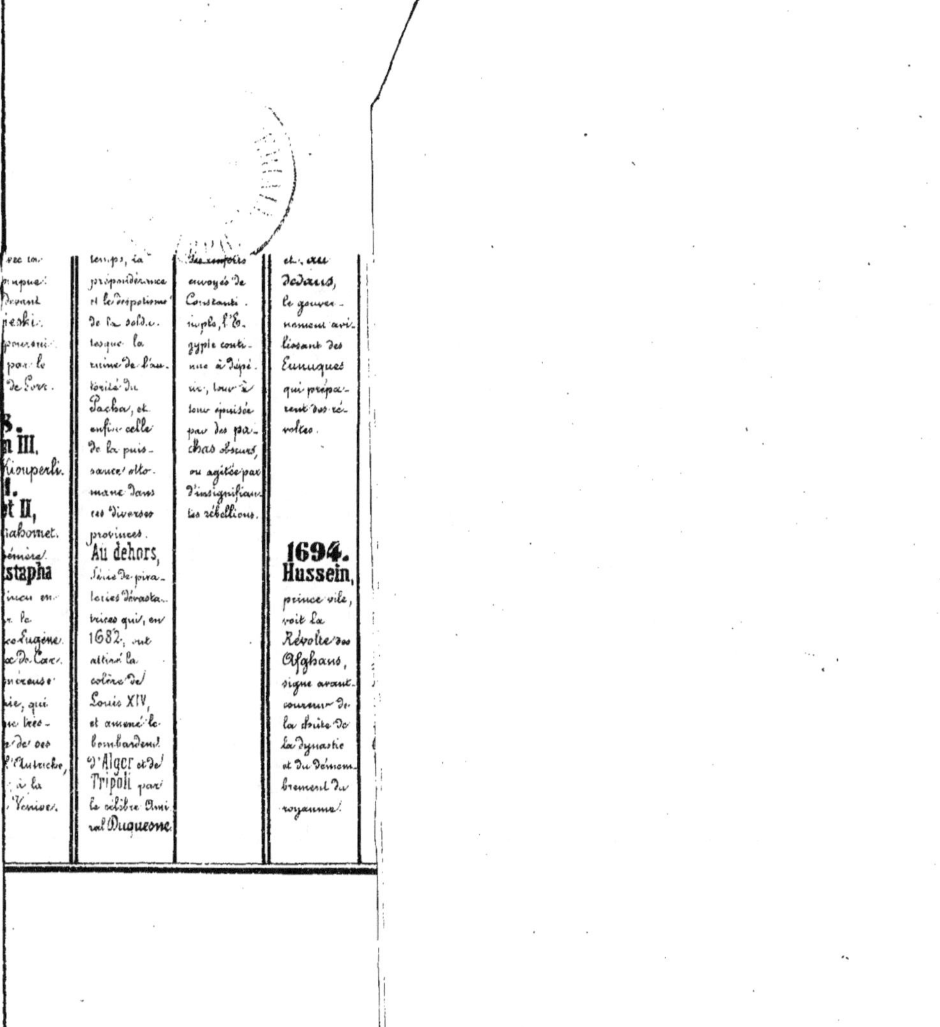

s.
n III.
Kiouperli.
I.
t II,
iahomet.
émère.
stapha
incu en-
r. le
ce Eugène
c de Car-
néreuse
ie, qui
e très-
e de ses
l'Autriche,
, à la
Venise.

temps, la prépondérance et le despotisme de la soldatesque, la ruine de l'autorité du Pacha, et enfin celle de la puissance ottomane dans ces diverses provinces.

Au dehors, série de pirateries dévastatrices qui, en 1682, ont attiré la colère de Louis XIV, et amené le bombardemt d'Alger et de Tripoli par le célèbre Amiral Duquesne.

~~Des complots~~ envoyés de Constantinople, l'Égypte continue à dépérir, tour à tour épuisée par des pachas obscurs, ou agitée par d'insignifiantes rébellions.

et, au dedans, le gouvernement avilissant des Eunuques qui préparent des révoltes.

1694.
Hussein, prince vile, voit la Révolte des Afghans, signe avant-coureur de la chute de la dynastie et du démembrement du royaume.

TABLEAU SYNCHRONIQUE DES ÉVÉNEMENTS PRINCIPAUX AU 17e SIÈCLE.

ÉGLISE.	PAPAUTÉ.	FRANCE.	[illegible]	[illegible]	ANGLETERRE et	ÉCOSSE.	[illegible]	ALLEMAGNE.	HONGRIE, BOHÊME	SAXE.	BAVIÈRE.	PAYS-BAS.	ESPAGNE.	PORTUGAL.	NAPLES et SICILE.	TOSCANE.	MILAN.	SAVOIE.	VENISE.	GÊNES.	SUISSE.	DAN. et NORW.	SUÈDE.	RUSSIE.	POLOGNE.	PRUSSE.	TURQUIE.	AFRIQUE.		ASIE.				AMÉRIQUE.		
[illegible]	[illegible]	[illegible]	[illegible]	[illegible]	[illegible]	[illegible]	[illegible]	[illegible]	[illegible]	[illegible]	[illegible]	[illegible]	[illegible]	[illegible]	[illegible]	[illegible]	[illegible]	[illegible]	[illegible]	[illegible]	[illegible]	[illegible]	[illegible]	[illegible]	[illegible]	[illegible]	[illegible]	[illegible]	[illegible]	[illegible]	[illegible]	[illegible]	[illegible]	[illegible]	[illegible]	[illegible]

postérieurs. Dès lors les liens de la subordination à l'égard des Sultans vont toujours s'affaiblissant.

MAROC. — Toujours soumis aux princes sanguinaires de la dynastie des **CHÉRIFS**. **Muley Abdala** et **Mohammed** commencent avec les diverses nations européennes, des relations et des traités de commerce dont les principaux avantages sont la liberté des mers et la sécurité des côtes.

et leurs extorsions jusqu'aux négociants français établis en Égypte. Ils fournissent ainsi sinon la cause, du moins le prétexte de la célèbre Expédition française de l'année **1798**, après laquelle l'Égypte retombe sous la loi des Turcs ottom

la conséquence de ces sanglants déchirements. — La **PERSE ACTUELLE**, partagée d'abord en deux factions, voit triompher celle des **KADJARS** avec **Aga-Mohamed**, exterminateur de ses rivaux, conquérant du **KHORACAN** et d'une partie de la **GÉORGIE**, et fondateur de la Dynastie des **KADJARS** encore régnante dep. 1794.

leur gouvernement. — A **MYSORE** règne le célèbre **Haïder-Ali** qui, par la victoire et des alliances avec les Français, agrandit considérablement son territoire: sa flotte lui soumet les **MALDIVES**, et il peut prendre alors le titre de **Roi des douze mille îles**. Ses succès arment contre lui les Anglais. Il est soutenu des Français. Succès, revers. — Son fils **Tippou-Saeb** continue la lutte.

Ali, chef. Il succombe (1782).

Tippou-Saeb, son fils, aidé de la France, puis seul, meurt en combattant les Anglais (**1799**). L'empire de Mysore succombe avec lui.

Anglais. Il est tra dans Pondic ry. Prisonnier des A glais. — Ro en France Sa prison Son procè Sa mort. — Le **Bail Suffren**, é de Tip Saeb, con les Angl triomphe ces dernie

TABLEAU SYNCHRONIQUE DES ÉVÈNEMENTS PRINCIPAUX AU 18E SIÈCLE.

ÉGLISE.	PAPAUTÉ.	FRANCE.	[illegible]	ANGLETERRE et ÉCOSSE.	[illegible]	ALLEMAGNE.	[illegible]	[illegible]	SAXE.	BAVIÈRE.	PAYS-BAS.	ESPAGNE.	PORTUGAL.	NAPLES et SICILE.	TOSCANE.	MILAN.	SAVOIE.	VENISE.	GÊNES.	SUISSE.	DAN. et NORW.	SUÈDE.	RUSSIE.	POLOGNE.	PRUSSE.	TURQUIE.	AFRIQUE.	ASIE.	AMÉRIQUE.
[illegible]	[illegible]	[illegible]	[illegible]	[illegible]	[illegible]	[illegible]	[illegible]	[illegible]	[illegible]	[illegible]	[illegible]	[illegible]	[illegible]	[illegible]	[illegible]	[illegible]	[illegible]	[illegible]	[illegible]	[illegible]	[illegible]	[illegible]	[illegible]	[illegible]	[illegible]	[illegible]	[illegible]	[illegible]	[illegible]

rent n Co s n le c don C isabel par C mmée sans des lig régne ordh av LLE erre p	II mort. 839 DUL DJID HAN 15 In- ection la des ban étincelle allume uerre la sie. – vention France l'Angl. massacre chrétiens Liban les Dru- vention France.	GRÈCE. OTHON 1er marié à Marie Frédérique d'Olden- bourg.. Soulèvem- ents.... Othon détrôné. GEORGES Ier fils de Christian IX de Dane- marck, lui succède..	satisfaction. La France dirige sur l'Algérie une armée formidable commandée par l'amiral Duperré, sous les ordres du Maréchal de Bourmont Après plu- sieurs vic- toires suc- cessives et une lutte acharnée contre le chef arabe Abd-el-Ka- der, l'algé- rie devient une colonie française. régie d'abord par des gé- néraux en Chef, puis par des gouverneurs.	de la Prusse, de l'Autriche de la Russie réduit l'am- bitieux.. **(1841)** vassal à sa province d'E- gypte décla- rée hérédi- taire... démence. **1848.** Mort de Mé- hemet-Ali suivie de celle de son fils, l'année suivante; à ce fils.. Ibrahim Pacha succède Abbas Pacha. Depuis 1854 Saïd Pacha gouverne l'Égypte.	MIRZA son petit fils sous la pro- tection des Russes et des Anglais désormais arbitres tout-puis- sants et jaloux de la Perse. **1848** Meredin ou Nasse-ed- Din-schah. son fils lui succéda, et gouverne encore ac- tuellement ce pays..	indi voien confe s'engl comm reste, l'Em britan – Les assuj ment conso qu'a plus victo – Que États restés pend mais taire Ang (Voir

TABLEAU SYNCHRONIQUE DES ÉVÉNEMENTS PRINCIPAUX AU 19e SIÈCLE.

ÉGLISE.	PAPAUTÉ.	FRANCE.	ANGLETERRE.	[illegible]	ALLEMAGNE.	[illegible]	[illegible]	SAXE.	[illegible]	WURTEMBERG	PAYS-BAS	ESPAGNE.	PORTUGAL.	NAPLES-SICILE	TOSCANE	MILAN.	SAVOIE	VENISE	GÊNES	SUISSE	DANEMARK	SUÈDE.	RUSSIE.	POLOGNE	PRUSSE.	TURQUIE	AFRIQUE.	ASIE.	AMÉRIQUE.
[illegible]	[illegible]	[illegible]	[illegible]	[illegible]	[illegible]	[illegible]	[illegible]	[illegible]	[illegible]	[illegible]	[illegible]	[illegible]	[illegible]	[illegible]	[illegible]	[illegible]	[illegible]	[illegible]	[illegible]	[illegible]	[illegible]	[illegible]	[illegible]	[illegible]	[illegible]	[illegible]	[illegible]	[illegible]	[illegible]

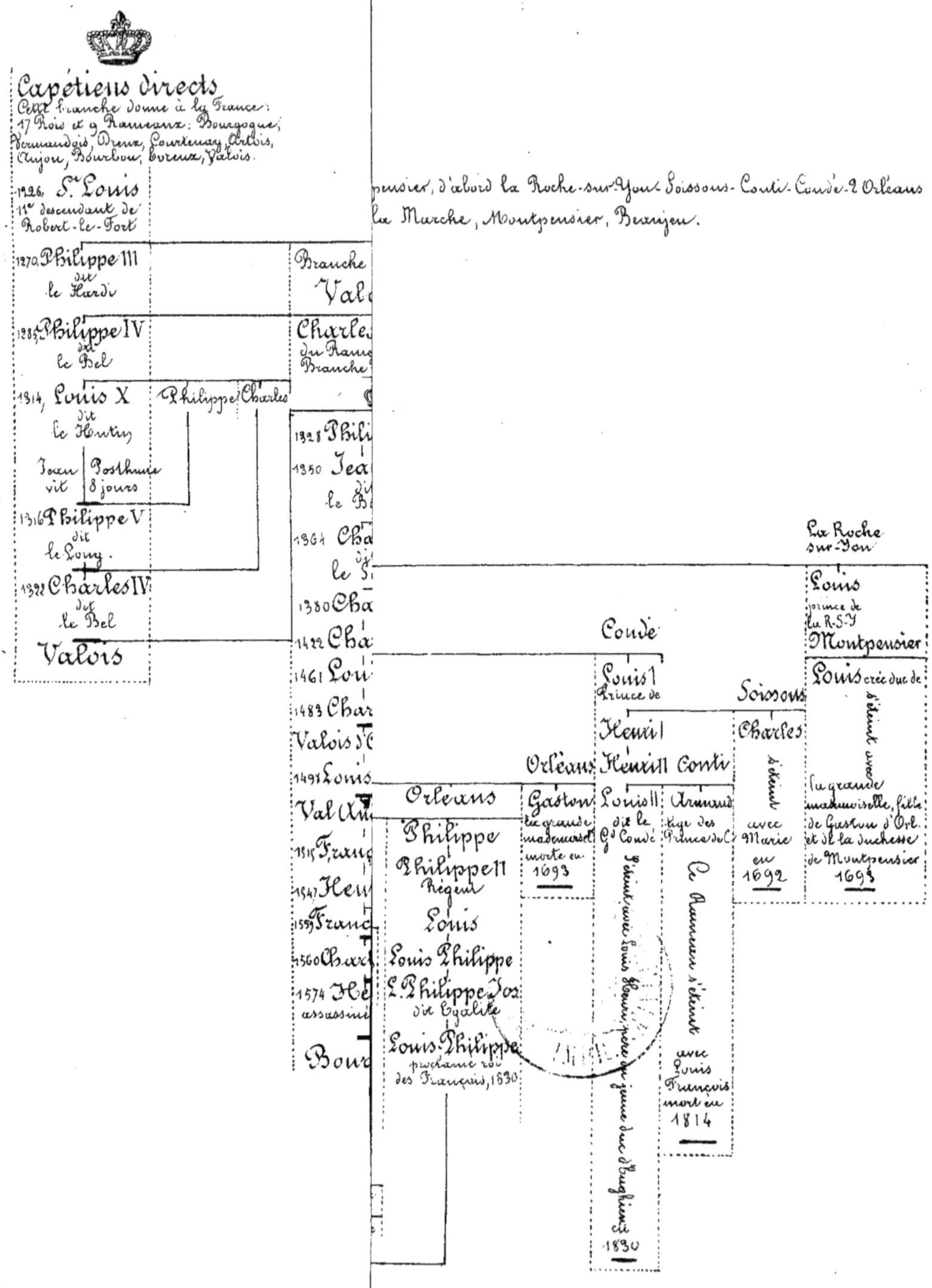
Capétiens directs
Cette branche donne à la France : 17 Rois et 9 Rameaux : Bourgogne, Vermandois, Dreux, Courtenay, Artois, Anjou, Bourbon, Evreux, Valois.
1226 St Louis
11e descendant de Robert-le-Fort
1270 Philippe III dit le Hardi
1285 Philippe IV dit le Bel
1314 Louis X dit le Hutin
Philippe
Charles
Jean vit
Posthume 8 jours
1316 Philippe V dit le Long.
1322 Charles IV dit le Bel
Valois
Branche
Charles
1328
1350
1364
1380
1422
1461
1483
Valois
1498
Val (Ang
1515
1547
1559
1560
1574
assassiné
pensier, d'abord la Roche-sur-Yon - Soissons - Conti - Condé - 2 Orléans
la Marche, Montpensier, Beaujeu.
La Roche sur-Yon
Louis prince de la R-S-Y
Montpensier
Louis crée duc de
s'éteint avec la grande mademoiselle, fille de Gaston d'Orl. et de la duchesse de Montpensier 1693
Condé
Louis I Prince de
Henri I
Henri II
Louis II dit le Gd Condé
s'éteint avec Louis Henri, père du jeune duc d'Enghien en 1830
Soissons
Charles
s'éteint avec Marie en 1692
Conti
Armand tige des Princes de C
Ce Rameau s'éteint avec Louis François mort en 1814
Orléans
Gaston
La grande mademoiselle morte en 1693
Orléans
Philippe
Philippe II Régent
Louis
Louis Philippe
L. Philippe Jos dit Egalité
Louis Philippe proclamé roi des Français, 1830

Capétiens directs, Valois et Bourbons

dans l'ordre de leur succession au trône de France.

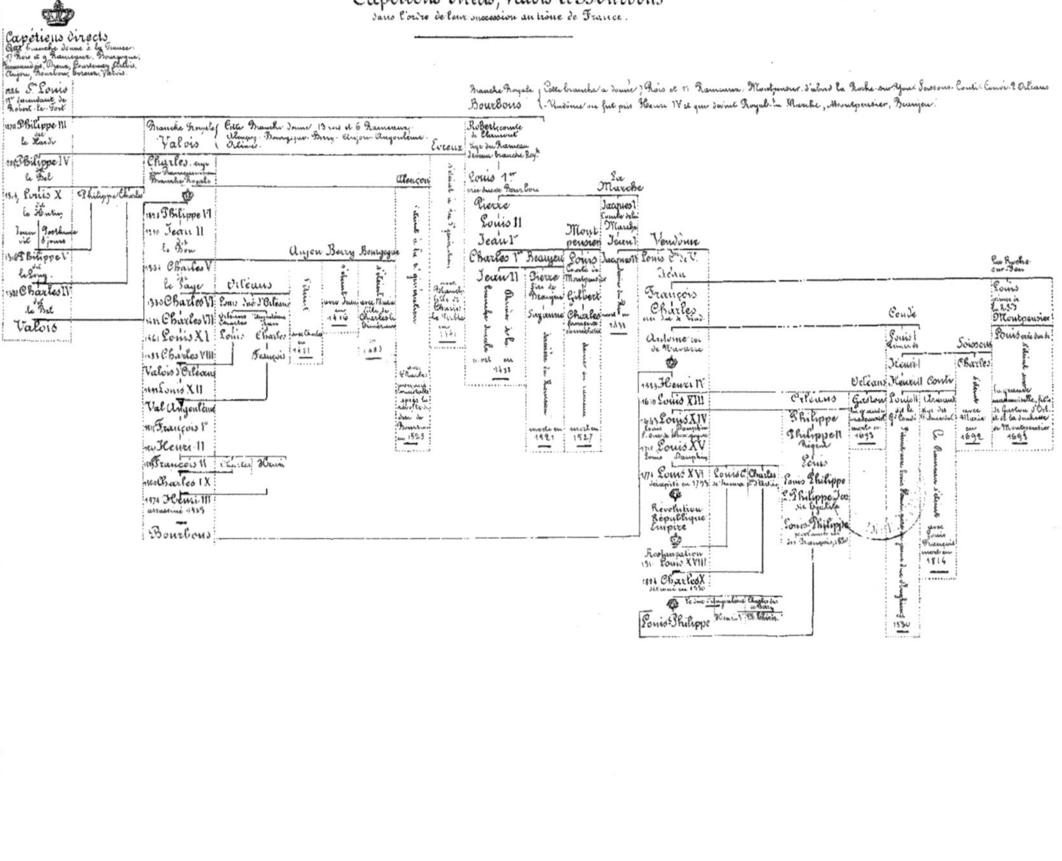
Capétiens directs
Valois
Bourbons
Orléans
Anjou Berry Bourgogne
Alençon
Evreux
La Marche
Montpensier
Vendôme
Beaujeu
Condé
Conti
Soissons
La Roche-sur-Yon
Révolution République Empire
Restauration

Cette branche, issue ... ns, de 1328 à 1589

Charles, Cte ... uce il fut fils de roi (Philippe le Hardi),
Frère de roi (Phi...

1328, Philippe VI
1, Jeanne de Bourgogne
2, Blanche d'Evreux

1350, Jean II, le bon
1, Bonne de Luxembourg
2 Jeanne de la Tour d'Auv.

1364, Charles V
le sage
Jeanne de Bourbon

1380, Charles VI
Isabeau de Bavière

1422, Charles VII
Marie d'Anjou

Catherine
1 Henri V d'Ang
2 Owen. Tudor

1461 Louis XI
1, Marguerite d'Ecosse
2, Charlotte de Savoie

Charles
empoisonné
par une pêche

4 Princ...

1483, Charles VIII
Anne de Bretagne

Anne
Régente

Jeanne
Louis d'Orléans

Val. d'Orléans

1498 Louis XII
1 Jeanne de Valois (rép)
2 Anne de Bretagne
3 Marie d'Angleterre

Val. d'Angoulême

1515 François 1er
1 Claude de France
2 Eléonore Sr de Ch. Quint
Vve Emmanuel de P.

1547 Henri II
Catherine de Médicis

François
+ 1546

Madelein...
Jacques V
d'Ecosse

1559 François II
Marie Stuart

Charles

Henri

Elisabeth
Philippe II
roi d'Espagne

1560 Charles IX
Elisabeth d'Autriche

1574 Henri III
Louise de Lorraine Mercœur
il est assassiné en 1589

Bourbon

...ucs de Bretagne, de Calabre, de Bourbon, d'Artois,
...le, au comte de hainaut, à Gui de Chatillon a
Charles IV

et...

Charles Comte
du Maine
Isab. de Luxembourg

Charles
dernier mâle de la
maison d'Anjou, il
institue Louis XI, son
héritier et lui abandonne
ses droits sur l'Italie
1481

Berry

Jean duc

Jean Cte
de Montpensier
+ 1416

Deux filles mariées
au duc de Savoie
au duc de Bourbon

2e M de Bourgogne

Philippe
le
Hardi + 1404
Marguerite de Flandres

Jean sans Peur
Marguerite de Bavière
il fait assassiner le duc
d'Orléans, et est
assassiné à Montereau
en 1419

Philippe-le-Bon
1 Micheline de France
2 Bonne d'Artois
3 Isabelle de Portugal
+ 1467

Charles le
Téméraire
1 Catherine de France
2 Isabeau de Bourbon
3 Marg d'York
+ 1477

Marie + 1483
Maximilien
d'Autriche

Phil-le-Beau
Jeanne-la-Folle

Charles-Quint

N.B. – Après la
mort de Charles-le-
Téméraire, les fiefs
masculins de la
maison de Bourgogne
sont réunis à la
France

Alençon

Charles Cte
épouse
Marie d'Espagne

Pierre
Otage des Anglais
Marie Chamillard.

Jean le Sage
créé duc
Marie de Bretagne.

Jean
Victime de Louis XI
Marie d'Armagnac

René
Emprisonné par
Louis XI et remis en
liberté par
Charles VIII
Marg. de Lorraine

Charles
Connétable après
la révolte du duc
de Bourbon
Marguerite Sr
de François 1er
+ 1525

Branche Royale des Valois.

Cette branche, issue de Philippe III, le Hardi, donne à la France, treize rois et 6 Rameaux : Alençon, Bourgogne, Berry, Anjou, Angoulême, Orléans, de 1328 à 1589
de 1328 à 1589

Charles, Cte de Valois, est la tige de cette branche, devenue Royale à l'extinction des Capétiens directs (1328). On a dit de ce prince il fut fils de roi (Philippe le Hardi), Frère de roi (Philippe IV). Oncle de Rois (Louis X, Phil. V et Ch. IV) Père de Roi (Phil. VI) et jamais Roi.

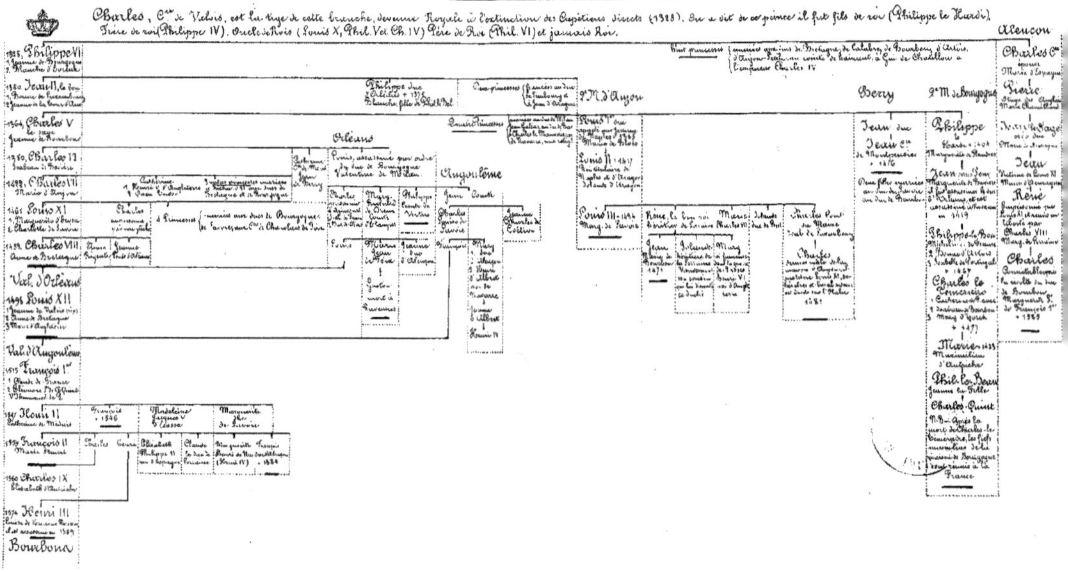
Alençon
1328 Philippe VI
1350 Jean II, le bon
1364 Charles V le sage
1380 Charles VI
1422 Charles VII
1461 Louis XI
1483 Charles VIII
Val. d'Orléans
1498 Louis XII
Val. d'Angoulême
1515 François Ier
1547 Henri II
1559 François II
1560 Charles IX
1574 Henri III
Bourbons
Orléans
Angoulême
Ier M. d'Anjou
Berry
2e M. de Bourgogne

Cette branche issue de St Lo… fut pris Henri IV : Avant lui s'étaient éteints trois Rameaux : La Marche de Bordeaux et Comte de Chambord. —
Ces rameaux sont tous étei…

Robert Comte de Clermont, héritière de Bourbon.

1589 Henri IV { Roi de Navarre à la … parvint à la couronne …
1 Marguerite de Valois rep
2 Marie de Médicis

1610 Louis XIII
Anne d'Autriche, fille Philippe III d'Espagne

Elisabeth
Philippe IV d'Espagne

Christine
Victor Amédée de Savoie

Hen…
Cha…
d'An…

1643 Louis XIV
Marie Thérèse d'Autriche fille de Philippe IV d'Esp.

Louis
M Anne

Dauphin 1711 de Bavière

{ 7 princes morts en bas âge

Louis duc de Bourgogne
M Adelaïde de Savoie 1712

Philippe duc d'Anjou devenu roi d'Espagne

Ch…
Ber…

1715 Louis XV
Marie Leczinska

{ 2 Princes morts en bas …

Louis
1 M Thérèse d'Espagne
2 Marie de Saxe

dauphin 1765

Six Princesses

{ Mme Él…
Mme Ad…
Louise, R…

1774 Louis XVI
décapité 21 Janvier 1793
M Antoinette d'Autriche décapitée le 16 Octobre 1793

M…
pé…
le 10…

Révolution
République
Empire

Louis dauphin mort en 1789

Louis Charles en Louis XVII mort au temp… 8 Juin 1795

Restauration

1814 Louis XVIII
Marg de Sardaigne

1824 Charles X
M Thérèse de Sardaigne
détroné 29 Juillet 1830
mort en exil à Goritz 1836

Louis Antoine
duc d'Angoulême
M. Thérèse Charl de France
fille de Louis XVI
+ 1844

Henri …
duc de …
M. Th. Béat…

1830 Louis Philippe
détroné 24 Février 1848
mort en exil 26 Août 1850

Soissons

Charles Cte

Louise
duc de Longueville

Louis tué à la Marfée
1641

Marie
prince de Carignan

…ien

Conti

…ième
…èbre
…chesse
…ngueville

Armand + 1666
Anne de Martinozzi
nièce de Mazarin

Louis Armand
Mlle de Blois fille légitimée de Louis XIV

F. Louis
élu un instant roi de Pologne

L. Armand
Louise de B. Condé

2 Princesses

…es au duc
…itimé de
Vendôme

L. François
Elisabeth
d'Orléans

Louise
le duc
d'Orléans

Louis F.
Fortunée
d'Est. fille
du duc de
Modène

Anne de Verneuil
légitimée
Jean de Grammont
Cte de Guiche

Montpensier

Louis, fils du prince de la Roche-sur-Yon et de Louise, héritière de la 1re Branche des Bourbons Montpensier est créé duc de Montp. et devient chef de la 2e branche de ce nom en 1538 : mort en 1582

François + 1592
Renée hérit d'Anjou

Henri + 1608
l'héritière de Joyeuse

Marie - 1627
héritière et Duch de Montpensier
Gaston d'Orléans frère de Louis XIII

La grande Mademoiselle, fameuse par sa fortune, ses mémoires, sa vie et son mariage avec Lauzun
1693.

Branche Royale des Bourbons

Cette branche issue de St Louis, donne à la France sept Rois et six Rameaux : Montpensier (S. dont la Roche-sur-Yon) - Soissons - Conti - Condé - Orléans - Vendôme ou fut pris Henri IV : Avant lui s'étaient éteints trois Rameaux : la Marche - Montpensier - Beaujeu : la Branche aînée royale n'a plus qu'un représentant pour la couronne de France, dans la personne d'Henri V, duc de Bordeaux et Comte de Chambord. - Les rameaux sont tous éteints, moins celui d'Orléans (Voir un tableau particulier, les Bourbons avant Henri IV.)

de 1589 à 18..

Robert Comte de Clermont, fils de St Louis, est la tige de cette branche devenue Royale, à l'extinction de la Branche des Valois ; il épouse Béatrix de Bourgogne, héritière de Bourbon.

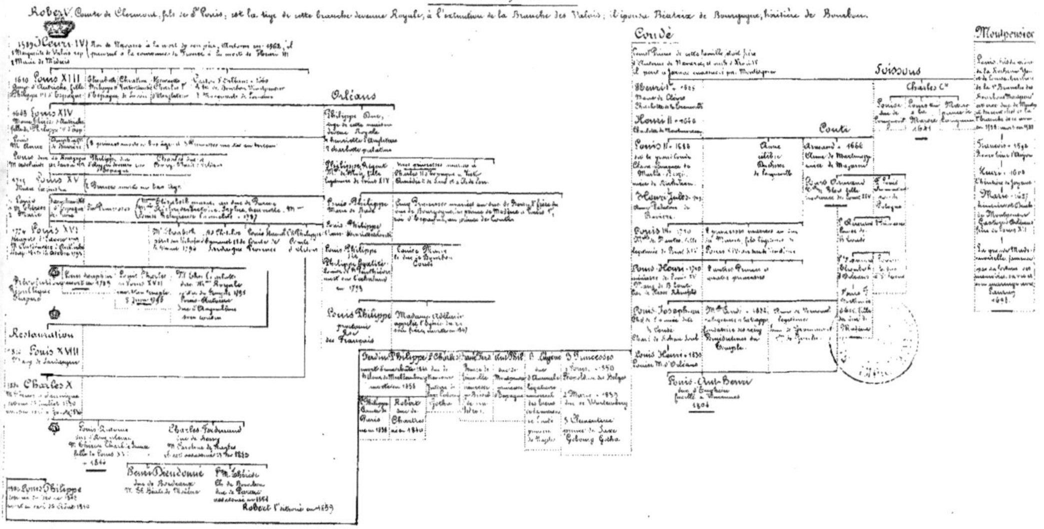

Henri IV
Louis XIII
Louis XIV
Louis XV
Louis XVI
Restauration
Louis XVIII
Charles X
Charles Ferdinand
Henri Dieudonné
Louis Philippe
Orléans
Louis Philippe
Condé
Soissons
Conti
Montpensier

…ille Bonaparte

…me Imperiale en 1804

Bon… …e d'abord dans le territoire de Gênes, puis fixé en Corse, à Ajaccio
Louis … dans la Magistrature, à Ajaccio lorsqu'il mourut en 1785. Il avait
Charles … de Clem…ns le nom de Madame Mère. Elle mourut à Rôme en 1839
Héritière

Pierre
Isabell…
Philippe
16
Louis L.
un des …,
Charl…
Anne d'O…
Jean…
pris a A…
Marie
…tière
…t de Mo…
…de
Char…
…entre d… la
du Dauph…
contre C…
Jean …
Connét…
Jeanne …31
Cha…
Catherine
2 Jeanne d…
Vendôme

France 1789.
Revolution
Republique
Consulat

Empire 1804

Napoléon Ier.
Epouse en 1810
Marie Louise d'Autriche
fille de l'empereur François II

Napoléon II
François Ch. Jos
Roi de Rome duc
de Reichstadt, né en
1811, mort en 1832
à Schoenbrunn.

Restauration en 1814
Révolution
Gouvernement de Louis Phil…

2e Empire 1852

Napoléon III
Epouse en 1853
Eugenie de Montijo de Gusman
Comtesse de Teba, née en 1826

Eugène Louis Joseph
prince Imperial
né le 16 Mars 1856

Jérôme
Né en 1784 + 1860
épouse en 1res noces
Mlle Paterson

Fait Roi de
Westphalie, 1807
détrôné en 1814,
épouse, en 1807,
Catherine Sophie
princesse de
Wurtemberg + 1835
un fils | une fille
1° Napoléon-Joseph
ou Prince Louis
épouse, en 1859
Clotilde de Savoie
fille de Victor Emmanuel
un fils né en
Juillet 1862
2° La Princesse
Mathilde
épouse en 184…
le prince Anatole
Demidoff de San
Donato.

Elisa
Née en 1774 +
épouse en 1797
un officier nommé
Bacciochi

Faite Princesse
de Lucques et de
Piombino en 1805
2 fils
Charles + 1830
Frédéric + 1833
une fille
Napoléone Elisa
épouse en 1824
le Cte Camerata

Pauline
Née en 1780 + 1825
épouse en 1797
le général Leclerc

Epouse, en 1803
le Prince Camille
Borghèse, lequel
fut créé duc de
Guastalla,
Elle mourut à Rome
un fils
mort à Rome en
1804.

Caroline
Née en 1782 + 1839

Epouse, en 1810,
Murat, fait Prince
Gd. duc de Clèves
et de Berg et enfin
Roi de Naples.
Après 1814, elle
vécut isolée sous
le nom de Princesse
de Lipona
2 fils
Achille Murat
mort en 1847,
Lucien Napoléon
Prince Murat, chef
de la Famille.
Napoléon Murat
encore existante.

…IMPR.

Les Bourbons avant Henri IV
de 1317 à 1589.

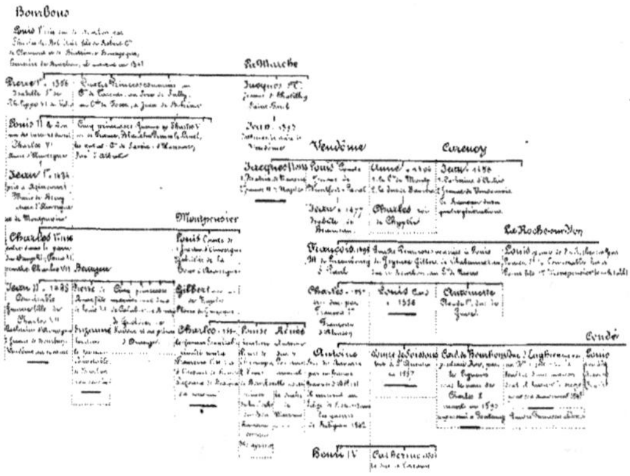
Bourbons
La Marche
Vendôme
Carency
Montpensier
La Roche-sur-Yon
Condé
Henri IV
Catherine

Famille Bonaparte
dynastie Impériale en 1804

Charles Bonaparte, d'une ancienne famille, établie d'abord dans le territoire de Gênes, puis fixée en Corse, à Ajaccio au commencement du XVIIe Siècle, exerçait des fonctions dans la Magistrature, à Ajaccio lorsqu'il mourut en 1785. Il avait épousé en 1767 Lætitia Ramolino, connue plus tard sous le nom de Madame Mère. Elle mourut à Rôme en 1839.

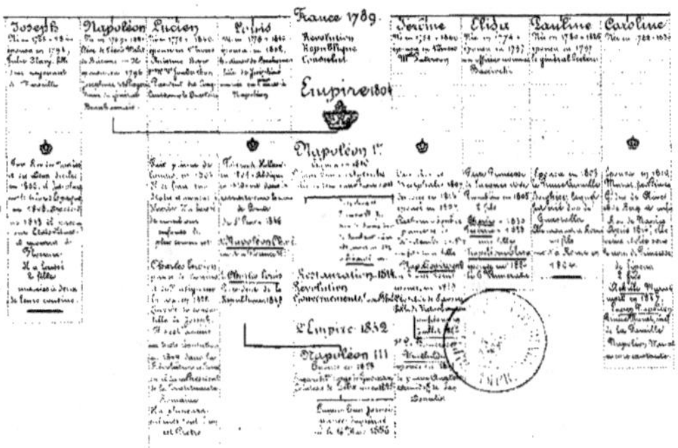
France 1789.
Joseph
Napoléon
Lucien
Louis
Jérôme
Elisa
Pauline
Caroline
Révolution
République
Consulat
Empire 1804
Napoléon Ier
Restauration 1814
Révolution
L'Empire 1852
Napoléon III

Ma de Guise.

Cette Famille a produit les deux Marsan, Armagnac, Lillebonne, Harcourt, et donné & Mayenne

Rene II devint, en 1473. Duc de Lor... ance où elle a jeté un grand éclat au 16ème Siècle. a pour ... et d'Isabelle. Heritière de ... de Bar; fait Duc de Guise en 1528 par François 1er, il reçoit ... Bourbon, et mourut en 1550. laissant 6 fils et 3 filles dont deux

1508. Antoine
Renée de Bourbon, Sœur du Connétable.

1544 François, filleul de François 1er
Catherine de Dany, Vve de Franc. Sforze.

Anne ... 1° Rene de N... Orange...

1545. Charles III
Claude de France, fille de Henri II

1608 Henri
1° Cath. S. de Henri IV
2° Marie de Gonzague

Nicole + 1657. Charles IV

Claude + 1648 François Nicolas

...rine ... de ...sier ...trée

1624 François.
Christine de Salm; Il cède l'autorité à

1624 Charles IV
Nicole, sa cousine. Il voit ses États envahis par Louis XIII. et abdique en faveur de son frère

François. Card. Duc pa... cation de son

1659. François Nicol
Claude, sa cousine; Ce mariage cause la persécution dont fut l'objet Pierre Fourier Général des Ch. Regul.

1670. Charles V
Élevé à la cour de l'Emp. Léopold, dont il épousa la sœur, Vve du roi de Pologne Michel I.

1690 Léopold, recouvre ses États par le Traité de Ryswick, prend le titre d'Altesse Royale. Elisabeth d'Orléans,

Charles
Électeur de Trèves + 1715

1729 François Étienne
Marie-Thérèse Héritière d'Autriche
Il cède son duché de Lorraine pour ... Autriche-Lorraine. (Voir Autri...

Charl... grand Capitai...

Louis Card. de Guise. eut beaucoup de part aux affaires de son temps + 1578

François
Grand Prieur général des Galères + 1563

Aumale

Claude Duc d'Aumale, est tué au siège de la Rochelle 1573

Anne, sa petite fille, héritière, épouse le duc de Nemours

Elbeuf

René Mis d'Elbeuf, produit les Rameaux de Harcourt, de Lilleb... etc, et à une nombreuse postérité

Emmanuel, le dernier de la Branche découvrit Herculanum, en faisant creuser un puits dans un jardin qu'il avait acheté a Portici + 1763 Fem. de Rougé.

Mayenne

Charles Duc de Mayenne Chef de la Ligue + 1611
Henriette de Savoie

Henri, tué a Montauban

Catherine
Charles de Gonz. Nevers duc de Mantoue

Anne Gonz
Édouard Comte Palatin, fils de Frédéric V. Électeur

Anne Henriette
Le Prince de Condé qui réclame, et obtient l'héritage des Guises. 1688

Aloïse
1° Le Prince de Conti
2° Secrètement Bassompierre.

Le Chevalier de Guise tué en duel

Marie Duch. de Guise + 1688. laisse ses biens à la Branche d'Elbeuf; ils sont disputés et obtenus par les Condés.

Roger Chevalier de Malte.

IMPR.

Maison de Lorraine. (Duché)

Cette Famille a produit les deux Branches de Vaudemont, de Guise, et le Rameau de Mercœur, et donné à la Lorraine, depuis René II, 11 Ducs de 1473 à 1737.

René II devint, en 1473, Duc de Lorraine et de Bar, par sa mère Iolande d'Aragon, fille de René Ier dit le bon roi René et d'Isabelle, héritière de Lorraine : René II établit la loi Salique par son testament.

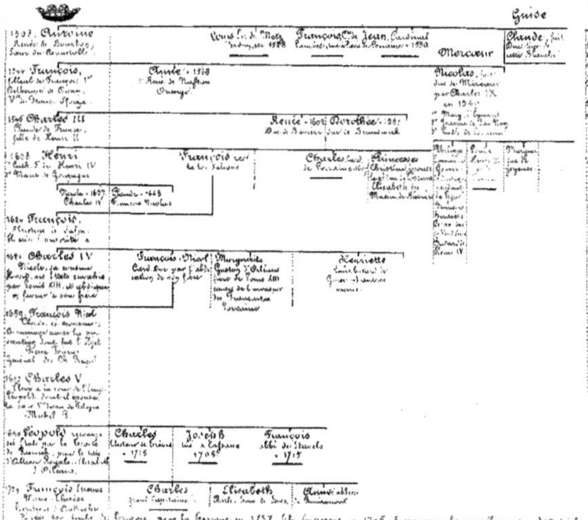
Guise
Mercœur
1508 Antoine
François
Charles III
Henri
Charles IV
François
Léopold
Charles
Joseph
François
François
Charles
Elisabeth
Claude
Nicolas
Renée
Dorothée
Charles
Henriette

[illegible] Lorraine pour la Toscane en 1737, [illegible] Empereur en 1745, [illegible] la nouvelle maison d'Autriche-Lorraine (Voir Autriche)

Branche de Guise.

Cette branche a produit 7 rameaux : Mayenne, Armagnac, Lillebonne, Harcourt, Elbeuf, Aumale & Mayenne.

Cette famille, issue de Lorraine, et établie en France où elle a jeté un grand éclat au 16ème Siècle, a pour chef Claude fils de René II Duc de Lorraine et de Bar, fait Duc de Guise en 1528 par François Ier; il reçut 22 blessures à Marignan, épousa Antoinette de Bourbon, et mourut en 1550, laissant 6 fils et 3 filles dont deux furent religieuses.

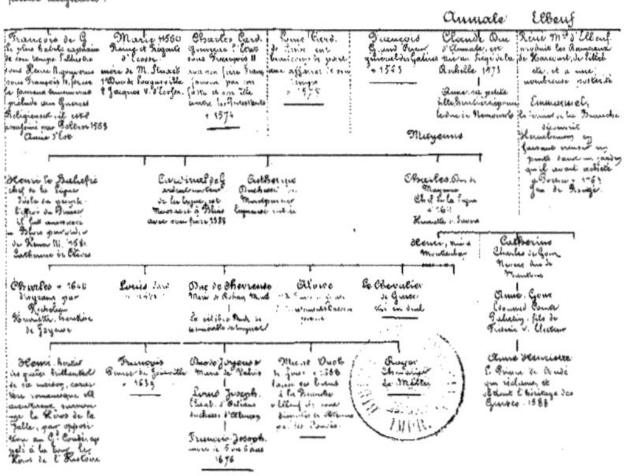
Aumale
Elbeuf
Mayenne
François de G.
Marie 1560
Charles Card.
Louis Card.
François
Claude Duc
René Mis d'Elbeuf
Emmanuel
Henri le Balafré
Cardinal de G.
Catherine
Charles Duc de Mayenne
Henri
Catherine
Charles
Louis
Duc de Chevreuse
Alexis
Le Chevalier de Guise
Henri
François
Louis Joseph
François-Joseph
Anne
Anne Henriette

Lorraine.

Cette famill es VI, à donné déjà à l'Allemagne
à 1862.

Albert II d'Autriche, Empereur d
fille de l'Empereur Sigismond de
possession de cette couronne élective.
passer à la branche cadette d'été de
de Hongrie par Wadislas roi d

de Lorraine & de Bar (1737) à Stanislas Leczinski,
Il épousa Marie-Thérèse d'Autriche, héritière de
r, en 1745, il commence la nouvelle Maison d'Autriche

Rameau de Styrie

1440 Frédéric III érige l'Autriche en archiduché Eléonore de Portugal	Albert le prodig de Ladislas fe Mathilde Pal	, commenda les dans la guerre de	Elisabeth + 1741 Charles-Emm. III roi de Savoie
1493 Maximilien 1er 1° Marie de Bourg 2° Blanche Sforza	Cunégonde Albert-le Sage duc	sca, entre autres : Marie-, mariée à Louis XVI. — Marie mariée à Ferdinand 1er roi de Naples.	
Philippe Jeanne mort	le Beau la folle en 1506		
1519 Charles-Quint abdique l'empire en faveur de son frère	Ferdinand	... et	
1556 Ferdinand 1er Anne, sœur de Louis II roi de Boh. et de Hong.			
1564 Maximilien II Mar. d'Autr. Espagne	Elisabeth Sigismond de Pol.	Ann duc de préte	
1576 Rodolphe II	Mathias	Ernest des P	
1612 Mathias Anne d'Aut. Tyrol			
1619 Ferdinand II 1° M. Anne de Bavière 2° Eléonore de Gonzague		essel.	
1637 Ferdinand III 1° M. Anne d'Aut. Esp. 2° M. Léop. d'Aut. Tyrol 3° Eléonore de Gonzag.			
1658 Léopold 1er 1° Marg. Thé. d'Espag. 2° C. Fél. d'Autr. Tyrol 3° Eléon. de Neubourg	Ferdinand	Mar Philip	
1705 Joseph 1er			
William de Brunswick n'a que des filles.	Marie Joséphine Auguste III de Pologne Prétendant	Mari Charle Préte	
1711 Charles VI Elis. Chris. de Brunswick			

Guerre de la Succession (1740 - 1748)
Marie Thérèse épousa François de Lorr
Marie-Anne, 2e fille de Charles, fut Gouv

Rameau de Brisgaw

Ferdinand + 1754
Epouse
Marie d'Est, héritière
de Modène, pays échan
gé contre le Brisgaw

Rameau de Salzbourg.

Ferdinand, d'abord grand Duc
de Toscane, échange son duché
contre l'Electorat de Salzbourg.

IMPR.

Empereurs d'Allemagne.

Autriche-Allemande.

Cette famille, depuis Albert II, a donné à l'Allemagne 13 empereurs, de 1438 à 1740

Albert II d'Autriche, Empereur d'Allemagne, roi de Bohême et de Hongrie, par sa femme Elisabeth, fille de l'Empereur Sigismond de Luxembourg, ouvre la liste des Empereurs de sa famille, désormais en possession de cette couronne élective. —— Ladislas le posthume, son fils, voit ses duchés patrimoniaux passer à la branche cadette dite de Styrie, sa couronne de Bohême usurpée par Georges Podiebrad, et celle de Hongrie par Wladislas roi de Pologne.

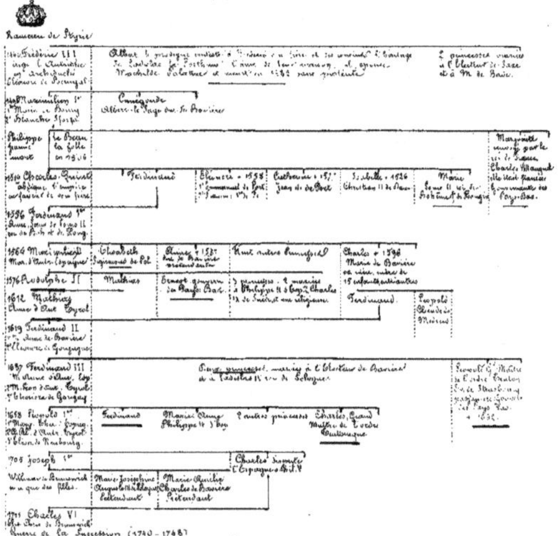

Rameau de Styrie
Frédéric III
2 princesses mariées à l'Electeur de Saxe et à M. de Bavière
Cunégonde
Philippe
Ferdinand
Marguerite
Maximilien II
Rodolphe II
Mathias
Ferdinand II
Ferdinand III
Léopold Ier
Ferdinand
1705 Joseph Ier
Charles
Marie-Josèphine
Auguste III de Pologne
Prétendant
Marie-Amélie
Charles de Bavière
Prétendant

1711 Charles VI
Elis. Chr. de Brunswick
Guerre de la Succession (1740 - 1748)
Marie Thérèse épousa François de Lorraine, élu Empereur, et chef de la Maison de Lorraine Allemande.
Marie-Anne, 2e fille de Charles, fut Gouvernante des Pays-Bas et épousa Charles de Lorraine, frère de l'Empereur François.

Autriche-Lorraine.

Cette famille, depuis Charles VI, a donné déjà à l'Allemagne 6 empereurs, de 1740 à 1862.

François Etienne, dernier duc de Lorraine, céda ses Duchés de Lorraine et de Bar (1737) à Stanislas Leczinski, roi de Pologne, en échange du Grand Duché de Toscane. Il épousa Marie-Thérèse d'Autriche, héritière de l'Empereur Charles VI. — Elu lui-même Empereur, en 1745, il commence la nouvelle Maison d'Autriche ou Autriche-Lorraine.

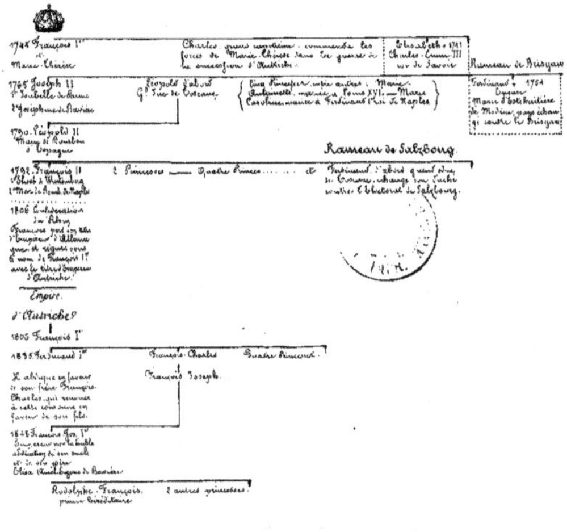

1745 François Ier
et
Marie-Thérèse
Rameau de Brisgaw
1765 Joseph II
Léopold
Ferdinand
1790 Léopold II
Rameau de Salzbourg
1792 François II
2 Princesses
Quatre Princes
Empire d'Autriche
1805 François Ier
1835 Ferdinand Ier
François-Charles
Quatre Princes
François Joseph
Elisa Archiduchesse de Bavière
Rodolphe-François
prince héréditaire
2 autres princesses

Isabelle, le définitive des deux royaumes.

Maison d'Autriche
Donne 5 Rois à l'Espag

Autriche Allemande.

1516 Charles 1er
Isabelle de Portugal.
Il abdique la couronne d'Espagne en faveur de son fils

le
62

t assure au Duc d'Anjou la
our lui et ses descendants à tout
Anjou, petit-fils Louis XIV et de
d'Espagne, et forme les Branches

1519. Charles-Quint
abdique l'Empire en faveur de son frère. 1556

Ferdinand, tige
de la maison d'Aut. Allem.
(Voir le tableau de l'Autr.)

1556. Philippe II
1° Marie de Portugal
2° Marie Reine d'Angl.
3° Isabelle de France
4° Anne d'Aut. Allem.

Don Carlos l'infortuné mort en 1568

Obil

Royaume de Naples

Royaume d'Étrurie

1598 Philippe III
Marie-Marguerite d'Autriche Allemande
Il fait un pacte de succession avec la Branche Allem.

voyée

ugal.

1738 Don Carlos quitte ce Roy pour aller régner en Espagne sous le nom de Charles III, en 1759.

1759. Ferdinand IV. 2e fils de Charles.
Il est détrôné par Napoléon. 1806

Nouveau Roy des Deux Siciles.
1814. Ferdinand 1er (IV) Rétabli.
Marie Caroline d'Autriche-Lorraine.

1748. Don Philippe, duc de Parme par le Traité d'Aix-la-Chapelle
Louise de France.

1765 Ferdinand
M. d'Autriche

Louise
Charles IV
roi d'Espagne

1621 Philippe IV
1° Isabelle de France
2° Marie Anne d'Autr. Allemagne.

Anne d'Autriche
Louis XIII, d'ou successi
Louis XIV et le duc d'
2èmes Prétendants

1801 Louis 1er
roi d'Étrurie
Marie-Louise fille de Ch IV roi d'Espagne

Caroline
Max. le Sage
2 autres princesses

1825 François 1er
1830 Ferdinand II
1859 François II
Marie-Sophie Amélie de Bavière

M. Thérèse Empereur François II

M. Amélie
Louis-Philippe 1er roi des Français

1665 Charles II
1° Marie-Louise d'Orléans
2° Marie-Anne de Neubourg
Il meurt en 1700

Marie-Thérèse
Louis XIV dont les enfants sont les 1ers Prétendants à la succession d'Esp

Marg
l'emper
sa fille
duc de
fait du
Electora
le 2e pré
à la s

1803. Régence de M. Louise pour son fils Louis II

1808. L'Étrurie prise par Napoléon 1er.

quatre autres
princes ou
princesses

N. B. La succession à la Co
guerre Européenne qui aboutit
de Philippe d'Anjou, désigné co

BIBLIOTHÈQUE ... IMPR.

Maison de Castille et d'Aragon

Isabelle, héritière de Castille, épousa **Ferdinand le Catholique**, héritier d'Aragon, ainsi fut opérée la réunion définitive des deux royaumes.

1479 Ferdinand + 1516, et Isabelle + 1504

- Isabelle + 1498 — 1° Alphonse infant de Port. 2° Emmanuel de Port.
- Marie + 1517 — Emmanuel de Port.
- Jeanne la Folle — Philippe le Beau, souverain des Pays-Bas
- Jean + 1497 — Marg. d'Autriche
- Catherine d'Ar. — 1° Arthur P. de Galles, 2° Henri VIII d'Angl.

Charles — Ferdinand

Maison d'Autriche Espagnole

Donne 5 Rois à l'Espagne, de 1516 à 1700

1516 Charles 1er — Isabelle de Portugal. Il abdique la couronne d'Espagne en faveur de son fils

1556 Philippe II — 1° Marie de Portugal, 2° Marie reine d'Angl., 3° Isabelle de France, 4° Anne d'Aut. Allem.

- Marie + 1603 — Maximilien II Empereur.
- Jeanne + 1567 — Jean infant de Port. Don Sébastien né de ce mariage
- Marguerite — Gouvern. des Pays-Bas, Alex. de Médicis, 2° Octave Farnèse, [illegible]
- Don Juan d'Autriche, vainqueur de Lépante + 1578

- Don Carlos l'infortuné, mort en 1568
- Philippe
- Claire Eugénie — [illegible] pour être reine de France — 1593 [illegible] Albert d'Autriche
- Catherine — Charles Emmanuel duc de Savoie, dont les descendants forment les 3es Prétendants à la succession

1598 Philippe III — Marie Marguerite d'Autriche Allemande. Il fait un pacte de succession avec la Branche Allem.

1621 Philippe IV — 1° Isabelle de France, 2° Marie Anne d'Autr. Allemagne

- Anne d'Autriche — Louis XIII, d'où naquirent Louis XIV et le duc d'Orléans, 3es Prétendants
- Marie Anne — Ferdinand III Emp., dont le fils Léopold est le 4e Prétendant

1665 Charles II — 1° Marie Louise d'Orléans, 2° Marie Anne de Neubourg. Il meurt en 1700

- Marie Thérèse — Louis XIV dont les enfants sont les 1ers Prétendants à la succession d'Esp.
- Marg. Thérèse — l'empereur Léopold; sa fille, mariée au duc de Bavière, fait du Prince Electoral de Bav. le 2e prétendant à la succession

N. B. — La succession à la Couronne d'Espagne cause entre tous les Prétendants une guerre Européenne qui aboutit au triomphe de la Maison de Bourbon, dans la personne de Philippe d'Anjou, désigné comme héritier dans le Testament de Charles II.

Maison de Bourbon Espagnole

a donné déjà 6 souverains de 1700 à 1862

Par le traité d'Utrecht, qui termine la guerre (1713) et assure au duc d'Anjou la succession de l'Espagne et des Indes, celui-ci renonce pour lui et ses descendants à tout droit éventuel sur la couronne de France. Philippe d'Anjou, petit-fils Louis XIV et de Marie Thérèse, commence la Dynastie des Bourbons d'Espagne, et forme les Branches royales de Naples et d'Etrurie.

1700 Philippe V — 1° Marie L. de Savoie, 2° Elisabeth Farnèse, héritière de Parme et de Plaisance

- 1724 Louis, couronné par l'abdication de son père — Louise d'Orléans. Il meurt la même année
- Ferdinand
- Marie Anne — fiancée à Louis XV et renvoyée en France. Joseph roi de Portugal

1724 Philippe V

1746 Ferdinand VI dit le sage — Marie de Portugal

1759 Charles III — Marie de Saxe

- 1788 Charles IV — Louise de Parme, déposé en 1808, mort en 1819
- Gabriel — Marie de Portugal
- Antoine

Restauration

- Ferdinand
- Don Carlos, frustré du trône par l'abolition de la loi salique, le parti de Christine et d'Isabelle triomphe
- Quatre autres princes ou princesses

1814 Ferdinand VII — M. Christine de Naples. Il abolit la loi salique

1833 Christine Régente pour sa fille Isabelle II, [illegible]

Un prince né en 1859, et 3 princesses

Royaume de Naples

1735 Don Carlos, quitte ce Roy pour aller régner en Espagne sous le nom de Charles III en 1759.

175. Ferdinand IV, 3e fils de Charles, est détrôné par Napoléon 1806

Nouveau Roy des Deux Siciles. 1815 Ferdinand 1er y est rétabli. Marie Caroline d'Autriche-Lorraine

- 1825 François 1er; 1830 Ferdinand II; 1859 François II — Marie Sophie Amélie de Bavière
- M. Christine — Ferdinand VII
- M. Amélie — Louis Philippe 1er roi des Français

Royaume d'Etrurie

1748 Don Philippe, duc de Parme par le Traité d'Aix-la-Chapelle — Louise de France.

- 1765 Ferdinand — M. d'Autriche
- Louise — Charles IV roi d'Espagne

- 1801 Louis 1er roi d'Etrurie — Marie Louise fille de Ch. IV roi d'Espagne. 1803 Régence de M. Louise pour son fils Louis II
- Caroline — Max. le Saxe, 4 autres princesses

1808 L'Etrurie prise par Napoléon 1er.

Autriche Allemande

1519 Charles Quint abdique l'Empire en faveur de son frère 1556

Ferdinand, tige de la maison d'Aut. Allem. (Voir le tableau de l'Autr.)

[illegible stamp] IMPR.

[Ma]ison (Bâtarde d'Avis)

2 [...] 12 Souverains de 1640 à 1862...

Après la mort de Ferdinand, dit [...] des Rois du Portugal, issus de Henri [...] Grand-Maître de l'ordre d'Avis, s'oppo[...] fille unique de Ferdinand, le défait, et [...] Maison Royale d'Avis.

[...]à Alphonse, fils naturel du Grand'Maître, créé duc de [...] épousa Catherine de Guimaraens, qui lui apporta, à la [...] de faire valoir à la mort de Henri le Cardinal. — [...] Révolution, qui en 1640, affranchit le Portugal de la [...]t chef de la Maison Royale de Bragance.

1385. Jean 1er le Grand
Philippa de Lancastres

1433 Edouard
Eléonore d'Aragon

1438 Alphonse V
Isabelle de Port. Coïmbre
sa cousine.

1481. Jean II
Eléonore de Portugal, Viseo

Branche de Viseu

1495. Emmanuel, le Gd ou le Fortuné
1° Isabelle de Castille;
2° Eléonore d'Autriche
remariée à François 1er

1521 Jean III
Catherine d'Autriche

Jean + 1554
Jeanne d'Autriche

1557 Sébastien
périt à Alcazar
1578

1578. Henri le Cardin[al]
1580

Domination Espagnole

1580. Philippe II

1598 Philippe III

1621 Philippe IV

1640 Affranchissement du Portugal

Maison de Bragance (Voir à [...]

Angl[...]

Fe[...] duc [...] Béat[...]

Eléo[...] Jean[...]

Isabelle + 1[...]
Charles-Quin[t]

Edouard, au service de l'Empereur
il est arrêté & livré aux Espagnols
mort en 1649

Marie,
son neveu le prince
du Brésil

Brésil

1816. Jean VI roi de Port
du Brésil et des Algarves,
Le Brésil se déclare indépendant
1821 Empire du Brésil

1821 Don Pedro 1er Empereur
il abdique en faveur de son fils

1831 Don Pedro IIe Emper.
actuellement régnant
Thérèse-Christine des Deux-Siciles

Deux princesses

Royaume de Portugal.

Maison d'Avis (Bâtarde)

A donné au Portugal huit souverains, de 1385 à 1640

Sous la mort de Ferdinand, dit le Gracieux, en qui s'éteignit la descendance masculine et légitime des Rois de Portugal, issus de Henri de Bourgogne. . . Don Juan, fils naturel de Pierre le Cruel, et Grand-Maître de l'ordre d'Avis, s'oppose aux réclamations de Jean Ier de Castille, qui avait épousé Béatrix, fille unique de Ferdinand, le défait, et se fait proclamer Roi sous le nom de Jean-le-Bâtard, de la Maison Royale d'Avis.

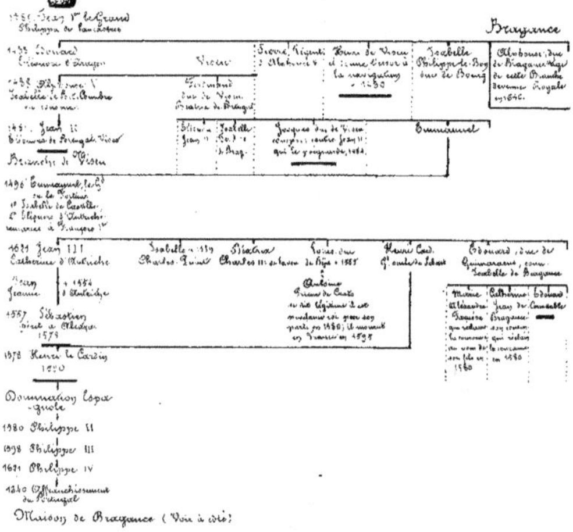
1385 Jean Ier le Grand
Philippa de Lancastre
Bragance
1433 Édouard
Éléonore d'Aragon
Viseu
Pierre, Régent, + Alfarrobeira
Henri de Viseu et donne l'essor à la navigation + 1460
Isabelle
Philippe-le-Bon duc de Bourg.
Alphonse, duc de Bragance, tige de cette Branche devenue Royale en 1640.
1438 Alphonse V
Isabelle de P. d. Coimbre sa cousine
Ferdinand duc de Viseu
Béatrix de Bragance
1481 Jean II
Éléonore de Portugal-Viseu
Éléonore Jean II
Isabelle Fer. duc de Brag.
Jacques duc de Viseu conspire contre Jean II qui le poignarde, 1484.
Emmanuel
Branche de Viseu
1495 Emmanuel, le Gd ou le Fortuné
1° Isabelle de Castille
2° Éléonore d'Autriche remariée à François Ier
1521 Jean III
Catherine d'Autriche
Isabelle + 1539
Charles-Quint
Béatrix
Charles III de Savoie
Louis, duc de Béja + 1555
Henri Card.
Gd Inquis. de Sebast.
Édouard, duc de Guimaraens, com. Isabelle de Bragance
Jean
Jeanne
+ 1554
d'Autriche
Antoine
Prieur de Crato
se dit légitime et est proclamé roi par son parti en 1580; il mourut en France en 1595
Marie
Alexandre Farnèse
qui réclame la couronne au nom de son fils en 1580
Catherine
Jean de Bragance son cousin qui réclame la couronne en 1580
Édouard Connétable
1557 Sébastien
tué à Alcaçer
1578
1578 Henri le Cardinal
1580
Domination Espagnole
1580 Philippe II
1598 Philippe III
1621 Philippe IV
1640 Affranchissement du Portugal
Maison de Bragance (Voir à côté)

Maison de Bragance (Bâtarde d'Avis)

a donné déjà au Portugal 12 souverains de 1640 à 1862...

Cette maison, issue de Jean Ier d'Avis, commence à Alphonse, fils naturel du Grand-Maître, créé duc de Bragance en 1442 — Jean, 5e descendant d'Alphonse, épouse Catherine de Guimaraens, qui lui apporta, à la couronne de Portugal des droits qu'il essaya vainement de faire valoir à la mort de Henri le Cardinal. — La maison de Bragance triompha plus tard, lors de la Révolution, qui en 1640 affranchit le Portugal de la Domination Espagnole; et Jean IV, dit le Fortuné, devint chef de la Maison Royale de Bragance.

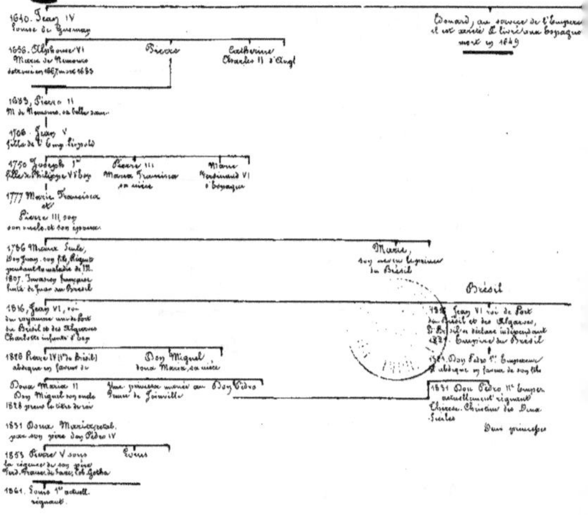
1640. Jean IV
Louise de Guzman
Édouard, au service de l'Empereur, il est arrêté et livré aux Espagnols, mort en 1649
1656. Alphonse VI
Marie de Nemours
détrôné en 1667, mort 1683
Pierre
Catherine
Charles II d'Angl.
1683. Pierre II
M. de Nemours, sa belle-sœur
1706. Jean V
fille de l'Emp. Léopold
1750 Joseph Ier
fille de Philippe V d'Esp.
Pierre III
Marie Françoise sa nièce
Marie
Ferdinand VI d'Espagne
1777 Marie Francisca et Pierre III, son oncle et son époux
1786 Marie Seule,
Don Juan, son fils, Régent pendant la maladie de M.
1807. Invasion française
fuite de Juan au Brésil
Marie,
son neveu Empereur du Brésil
Brésil
1816, Jean VI, roi du royaume uni de Port. du Brésil et des Algarves
Charlotte infante d'Esp.
1816 Jean VI roi de Port. du Brésil et des Algarves,
le Brésil se déclare indépendant
1822 Empire du Brésil
1826 Pierre IV (Ier du Brésil) abdique en faveur de
Don Miguel
Dona Maria, sa nièce
1822 Don Pedro Ier Empereur il abdique en faveur de son fils
Dona Maria II
Don Miguel son oncle
1828 prend le titre de roi
Une princesse mariée au Prince de Joinville
Don Pedro
1831 Don Pedro IIe Empereur actuellement régnant
Thérèse-Christine des Deux-Siciles
Deux princesses
1831 Dona Maria rétabl. par son père Don Pédro IV
1853 Pierre V sous la régence de son père Ferd. Franç. de Saxe-Cob.-Gotha
Louis
1861. Louis Ier actuell. régnant.

Plantagenets directs : Cette Branc[he],
et quatre rameaux : Clarence, Lan[castre]
Rameau légitimé de Sommerset deven[u]

Edouard III
6e descendant
de Henri II Pl.

Clarence — Lancastre

Le Prince noir + 1376 — Lionel duc de Cl. — Jean de Gaunt duc de Lanc[astre]

1377 Richard II déposé et assassiné en 1400

Philippa — Roger — Anne hér. épouse Rich. d'York

Henri

Lancastre.

1399 Henri IV usurpe sur Richard II et sur Anne qui a porté ses droits dans la Maison d'York

1413 Henri V — Duc de Clarence, tué à Beaugé Anj. 1421 — Duc de Bedfort Régent de France + 1435

1422 Henri VI détrôné en 1453 massacré en 1472

Edouard prince de Galles massacré à Tewkesbury en 1471

[1]3 à 1714

Yorck

1461 Edouard IV d'abord Protecteur puis roi en 1461

1483. Edouard V massacré par ordre de son oncle Richard — Rich. d'York massacré avec son frère — Elisabeth héritière épouse Henri Tudo[r]

1483 Richard III usurpe sur ses neveux qu'il fait massacrer il est tué a Besworth en 1485.

Tudors

Hanovre.

Prince Rupert Vice-Amiral — Prince Maurice — Edouard Comte Palatin se fait catholique — Sophie Palat. Epouse Ernest-Aug 1er Electeur de Hanovre.

{a donné déja 6 souverains depuis 1714}

[...] féminines Catholiques
[...]ue, après Anne, par
[...]ssion : c'est pourquoi
[...] protestante de Hanovre...

1714 Georges 1er épouse Sophie de Brunswick

1727 Georges II

1760 Georges III

1820 Georges IV — Guillaume — duc de Kent

1830 Guillaume IV — Victoria

1837 Victoria

Plantagenets directs : Lancastres, Yorks, Tudors, Stuarts, Hanovre,

dans l'ordre de leur succession au Trône d'Angleterre

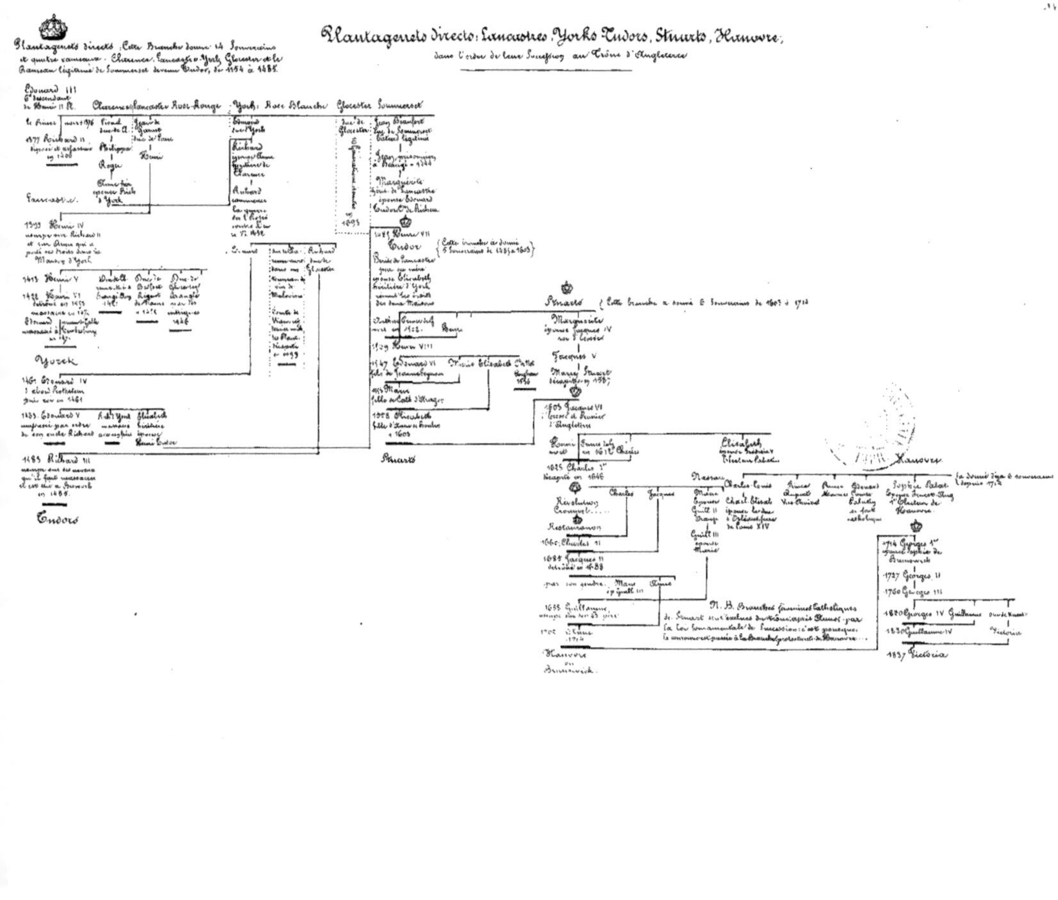

Plantagenets directs ; Cette Branche donne 14 Souverains et quatre rameaux : Clarence, Lancastre, York, Glocester et le Rameau légitimé de Sommerset devenu Tudor, de 1154 à 1485.
Edouard III
Clarence
Lancaster Rose-Rouge
York : Rose Blanche
Glocester
Sommerset
Lancastre
York
Tudors
Stuarts
Hanovre
Victoria

Fame Stuart (Écossaise)

Cette Famille a Angleterre six Souverains de
603 a 1714

Les Tudors, descendants des an u Stwart d'Écosse. Cette charge, héréditaire dans la famille
gentilshommes, selon d'autres, du Son arrière petit-fils, Walter IV, épousa Marjaria,
Veuve de Henri V, roi d'Angleterr au Trône d'Écosse, sur lequel monta son fils Robert II, chef
(Rameau légitimé), héritière des sivement : Robert III — Jacques Ier — Jacques II — Jacques III —
trône d'Angleterre après la mor , sœur de Henri VIII, se fraya un chemin au trône d'Angle
t. fils de Jacques V. Les Stuarts avaient donc donné à l'Écosse
d'Angleterre

1485 Henri VII
Tudor par son père, Lancastre par sa mère, York par son épouse, Elisabeth, héritière de la Rose Blanche

Arthur, Catherine, mort — pr. de G. d'Arag. en 1502 — Henri VIII héritier des 2 Roses — Marie 1° Louis de Fra 2° Brandon — Comte de … 15

1509 Henri VIII
1° Catherine d'Aragon : Rep.
2° Anne de Boleyn : Decap.
3° Jeanne Seymour
4° Anne de Clèves : Rep.
5° Catherine Howard. Décap.
6° Catherine Parr.

1547 Édouard VI fils de Jeanne Seymour — Marie — Elisabeth

1553 Marie Tud. fille de Cather. d'Aragon Philippe II d'Esp.

1558. Elisabeth fille d'Anne de Boleyn. 1603

Stuart

h
lecteur

Hanovre Protest.

Louis Palatin le de Cass.	Édouard Cte Pal se fait catholique		Prince Rupert Vice-Amiral		langueur	Prince Maurice dans la guerre		Sophie Pal Ernest Auguste 1er Électeur de Hanovre
Elisab léans	Marie Louise Prince de Salm		Anne-Henriette Prince de Condé			Benedicte Henr. duc de Hanovre catholique		Georges Sophie de Brunswick sa cousine
XIV								Il devient roi d'Angleterre 1714.
Elisabeth duc de Lorr.	Prince de Salm	Eléonore duc d'Ursel	Prince de Condé	Marie prince de Conti	Louise duc du Maine	Charlotte duc de Modène	Guillemine Joseph Ier Emp. d'Autr.	
5 Lorraine	6° Salm	7° Ursel	8° Condé	9° Conti	10° Maine	11° Modène	12° Autriche	

ines catholiques de la maison de Stuart, sont exclues du
rtu de la loi fondamentale de succession dans ce pays
ne, la couronne passe à la maison de Hanovre Protestante

Famille de Tudor (Galloise)

Cette Famille a donné à l'Angleterre Cinq Souverains
de 1485 à 1603

Les Tudors, descendants des anciens princes de Galles, selon les uns, issus de simples gentilshommes, selon d'autres, durent leur faveur à Owen Tudor, qui devint l'époux de Catherine de France veuve de Henri V, roi d'Angleterre. Edmond Tudor, fils d'Owen, épousa Marguerite de Sommerset (Rameau légitimé), héritière des Lancastres, et de ce mariage naquit Henri, qui monta sur le trône d'Angleterre après la mort de Richard III ....

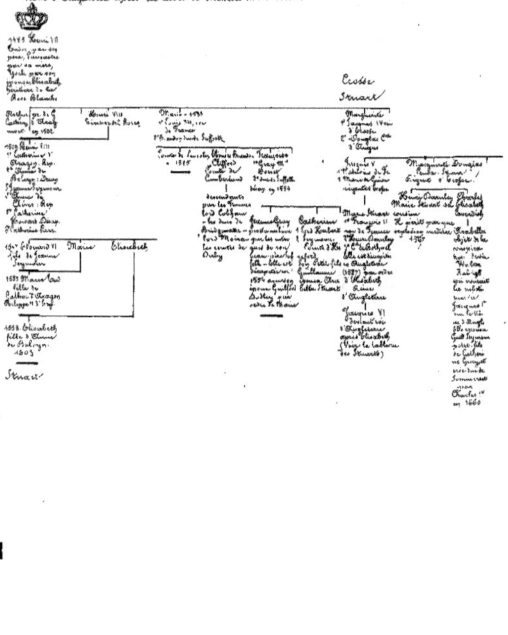

Ecosse
Stuart
Stuart

Famille de Stuart (Ecossaise)

Cette Famille a donné à l'Angleterre six Souverains de
de 1603 à 1714

Les Stuarts sont issus de Walter Sénéchal ou Stuart d'Ecosse. Cette charge, héréditaire dans la famille valut le nom de Stuart aux descendants de Walter —— Son arrière petit-fils, Walter IV, épousa Marjorie, fille de Robert Bruce, et se fraya ainsi un chemin au trône d'Ecosse, sur lequel monta son fils Robert II, chef de la dynastie des Stuarts, en Ecosse; ils régnèrent successivement. Robert III — Jacques Ier — Jacques II — Jacques III — Jacques IV, lequel épousant Marguerite d'Angleterre, sœur de Henri VIII, se fraya un chemin au trône d'Angleterre, sur lequel monta Jacques VI, son petit-fils, et fils de Jacques V. Les Stuarts avaient donc donné à l'Ecosse huit souverains quand ils héritèrent de la couronne d'Angleterre

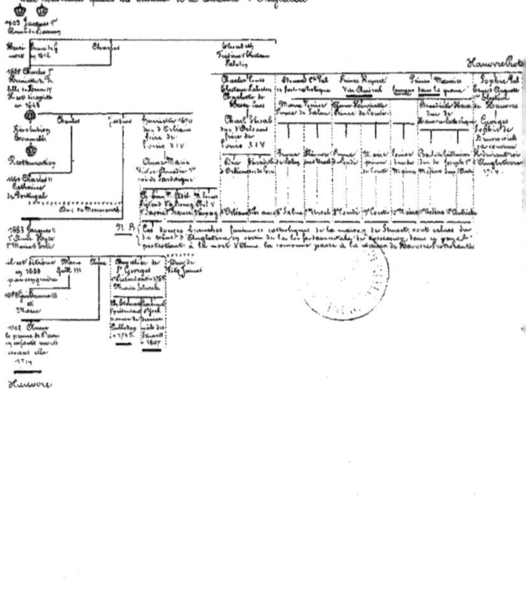

Hanovre Protestante
Hanovre

Famille Romanow.

Cette Russie 16 Souverains, de 1612 à 1862.

Cette famille remonte, selon les Généalostie de Rwicks, dans la personne de Fedor 1er, Boris
d'Este, Margrave de Ligurie et de Toso: sous lui se fit jour la famille de Romanow, qui
Bavaroise, et en eut deux enfants: l'aîgnante.
resta en Italie & continua la maisont la race était de la famille de Rwick, se retira dans
à Brunswick, et la cadette qui occupdevenu Métropolitain de Rostof, et envoyé comme
épousa Frédéric V, Electeur Palatin, sonnier: c'est pendant sa captivité que son fils fut
1er Electeur de Hanovre, et Georges lirection nationale de 1612.
monta sur le trône d'Angleterre, a

1714 Georges 1er. Sophie de Brunswick-Zell, sa cousine. — cinq autres

1727 Georges II. Caroline d'Anspach.

Prince de Galles Auguste de Saxe-Gotha mort en 1751.

1760 Georges III. Charl. de Mecklemb. — Princesse Auguste Duc de G… duc de Brunswick. un fils et …

1820 Georges IV. Carol. de Brunswick. — duc d'Yorck. — Guill. duc …rence

1830 Guillaume IV. princesse de Saxe-Meiningen.

1837 Victoria nièce de Guil. IV. Albert de Saxe-Cobourg-Gotha + 1861.

Albert, Prince de Galles, né en 9bre 1841. — huit

Iwan. — Pierre.

Catherine. Charles Liop. de Mecklembourg Schew. — Anne. Anne + 1746. Ant. de Brunsw.

Iwan de R.

Rameau de Holstein-Gottorp.

Anne Petrowna. Charles-Frédéric de Holstein-Gottorp.

1762 Pierre III étranglé par ordre de Catherine II.

1796 Paul 1er.

1801. Alexandre Paulowitz. Louise de Bade. — Nicolas.

1825 Nicolas.

1855, Alexandre II, actuellement régnant.

Six Princes et une princesse.

Famille de Hanovre-Brunswick (Allemande)

Cette Famille a donné déjà à l'Angleterre six Souverains.
de 1714 à 1862

Cette famille remonte, selon les Généalogistes, à des consuls Romains, au 4e siècle avant J.C. Les historiens la prennent à Azon d'Este, Margrave de Ligurie et de Toscane, mort en 1097. Il épousa en Allemagne l'héritière des Welfs, célèbre famille Bavaroise, et en eut deux enfants. L'aîné fonda en Allemagne la maison des Welfs devenue Brunswick, au [illegible] resta en Italie, et continua la maison d'Este. Il ne reste plus que deux branches de cette illustre Maison, l'aînée qui règne à Brunswick, et la cadette qui occupe le trône d'Angleterre .... Elisabeth, fille de Jacques 1er Stuart roi d'Angleterre épousa Frédéric V. Electeur Palatin, chef de l'Union Evangélique; sa fille Sophie Palatine, épousa Ernest-Auguste 1er Electeur de Hanovre, et Georges leur fils, comme représentant de la seule lignée protestante, issue des Stuarts monta sur le trône d'Angleterre, après la mort de la reine Anne.

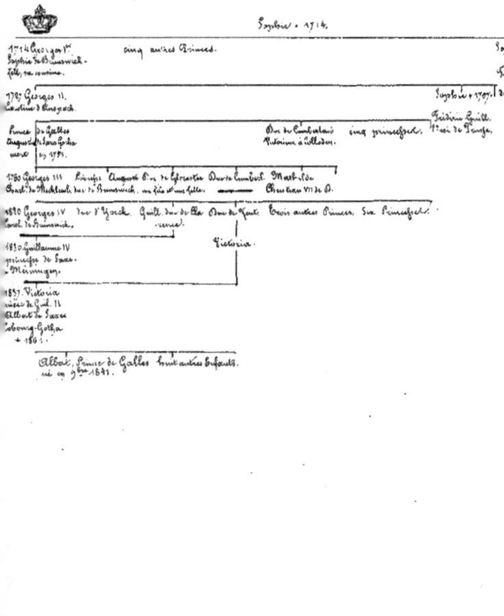

Sophie + 1714.
1714 Georges 1er
Sophie de Brunswick-Zell, sa cousine.
cinq autres Princes.
Sophie + 1705.
Frédéric 1er roi de Prusse.
1727 Georges II.
Caroline d'Anspach
Sophie + 1757.
Frédéric Guill. 1er roi de Prusse.
Prince de Galles
Auguste de Saxe-Gotha
mort en 1751.
Duc de Cumberland
Vainqueur à Culloden.
cinq princesses.
1760 Georges III
Charl. de Mecklemb.
Princesse Auguste
duc de Brunswick.
Duc de Glocester
un fils et une fille.
Duc de Cumberl.
Mathilde
Christian VII de D.
1820 Georges IV
Carol. de Brunswick.
Duc d'York
Guill. duc de Clarence.
Duc de Kent.
Trois autres Princes.
Six Princesses.
Victoria.
1830 Guillaume IV
princesse de Saxe-Meiningen.
1837 Victoria
nièce de Guil. IV
Albert de Saxe
Cobourg-Gotha
+ 1861.
Albert, Prince de Galles
né en 9bre 1841.
huit autres Enfants.

Maison de Romanow.

Elle a donné à la Russie 16 Souverains, de 1613 à 1862.

A l'extinction masculine de la Dynastie de Rurick, dans la personne de Fedor 1er, Boris Godounow usurpa momentanément le trône. sous lui se fit jour la famille de Romanow, qui fonda en Russie la dynastie encore régnante.
Fédor Romanow, seigneur puissant sous le czar était de la famille de Rurick, se retira dans un monastère sous le nom de Philarète devenu Métropolitain de Rostof, et envoyé comme Ambassadeur en Pologne, il y fut fait prisonnier: c'est pendant sa captivité que son fils fut porté au trône de Russie, par l'insurrection nationale de 1613.

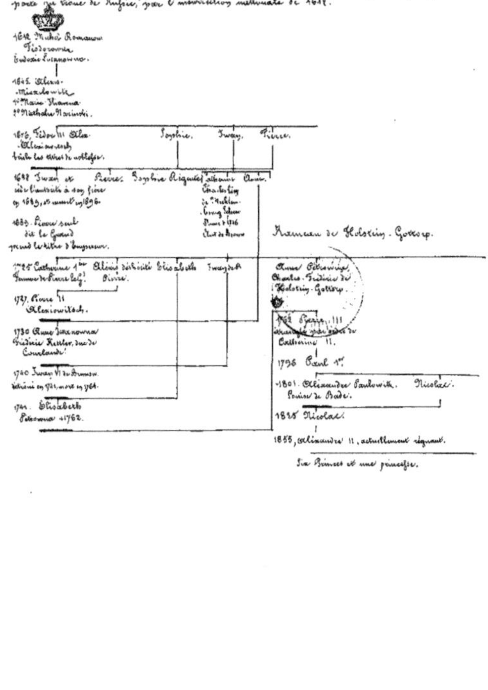

1613 Michel Romanow
Fiodorowitch
Eudoxie Lucianowna.
1645 Alexis-Mikailowitch
1° Marie Ilianna
2° Nathalie Narischkin.
1676 Fédor III Alexiowitch
brûle les titres de noblesse.
Sophie.
Iwan.
Pierre.
1682 Iwan et
cède l'autorité à son frère
en 1689, et meurt en 1696.
Pierre.
Sophie Régente
Catherine
Charlotte
de Mecklembourg
Anne.
1689 Pierre seul
dit le Grand
prend le titre d'Empereur.
Rameau de Holstein-Gottorp.
1725 Catherine 1ère
Femme de Pierre le G.
Alexis déshérité
Pierre.
Elisabeth
Iwan
Anne Petrowna,
Charles-Frédéric de Holstein-Gottorp.
1727 Pierre II
Alexiowitch.
1762 Pierre III
étranglé par ordre de Catherine II.
1730 Anne Iwanowna
Frédéric Kettler, duc de Courlande.
1796 Paul 1er.
1740 Iwan VI de Brunsw.
détrôné en 1741, mort en 1764.
1801 Alexandre Paulowitch.
Louise de Bade.
Nicolas.
1741 Elisabeth
Petrowna + 1762.
1825 Nicolas.
1855, Alexandre II, actuellement régnant.
Six Princes et une princesse.

M[aison] Royale de Savoie

huit Rois de 1713 à 1862.

Amédée VIII, dit le Pacifiqu[e] … [l]a Race et le vrai fondateur de la Monarchie Sarde
Savoie et de Piémont par l'Emper[eur] … [ri]eur, avec la Dignité royale, l'expectative de la couronne
… [Q]uadruple Alliance, rattacha la Sicile à l'Autriche et à
… [S]ardaigne, érigée en Royaume, et définitivement

1416. Amédée VIII
Marie de Bourg. Val
il abdique en faveur de

1434. Louis
Anne de Lusignan

1465. Amédée IX dit le Bienheureux, Yolande, fille de Ch. VII — Louis + 1482, roi de Chypre, de Jérus, et d'Arménie

1472. Philibert 1er dit le Chasseur, Blanche de Milan — Char[les] — Marie-Louise Philippe V d'Esp.

Duc de Chablais.

1482. Charles 1er dit le guerrier Blanche de Montferrat

1496. Philippe II meurt à huit ans — Iolande + 1500 Philibert le Beau — Luce Félix — 3 Princesses mariées au Cte de Provence (L. XVIII) au Cte d'Artois (C. X) au duc de Chablais.

1496. Philippe II
1° Marguerite de Bourbon
2° Claud. de Penthièvre.

1497 Philibert II dit le Beau
1° Yolande sa nièce
2° Marg. d'Autriche renvoyée par Ch. VIII — Charles

1504 Charles III dit le Bon
Béatrix de Portugal

Carignan.

1553. Emm. Philib dit tête de fer
Marguerite, fille de François 1er

Charles-Albert 6e descendant de Thomas, tige de la branche.

1580. Ch. Emman. dit le Grand
fille de Phil II d'Esp.

1630. Vict. Am. 1er Christine fille de Henri IV — Phil. Emm. + 1605 — Em[manuel]

1637. Ch. Emman. II
1° Françoise d'Orléans
2° Marie de Nemours.

1675. Victor. Am. II
devient roi en 1713

Maison Ducale de Savoie,

Donne Quatorze Ducs de 1416 à 1713.

Amédée VIII, dit le Pacifique, fils d'Amédée VII, dit le Comte Rouge, est créé Duc souverain de Savoie et de Piémont par l'Empereur Sigismond, en 1416.

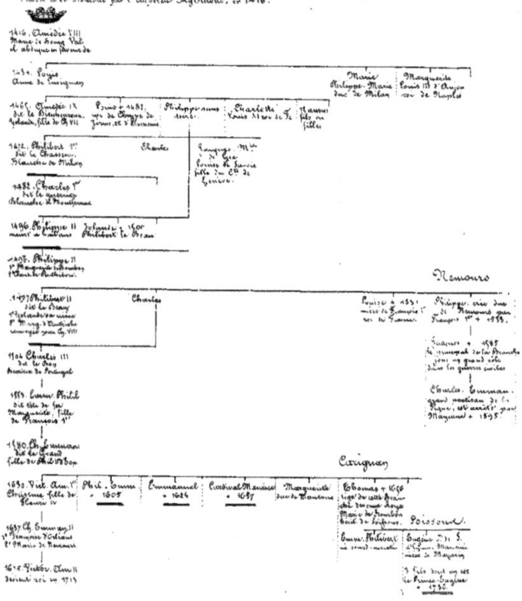
Nemours
Carignan
Soissons

Maison Royale de Savoie

a donné déjà huit Rois de 1713 à 1862.

Le Duc Victor-Amédée est le 1er Roi de sa Race et le vrai fondateur de la Monarchie Sarde. En 1713, lors du traité d'Utrecht il avait reçu, avec la dignité royale, l'expectative de la couronne d'Espagne et de Sicile. En 1720, la Quadruple Alliance rattacha la Sicile à l'Autriche et à Naples et donna en échange, à Victor Amédée, la Sardaigne, érigée en Royaume et définitivement réunie au Duché de Savoie.

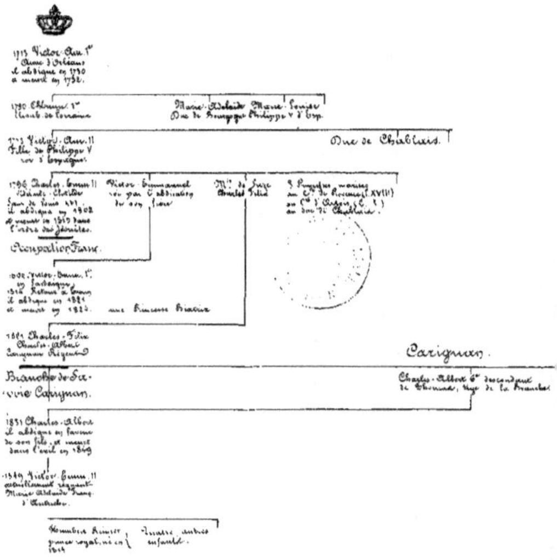
Duc de Chablais
Carignan
Branche de Savoie Carignan

Sforze, ducs de Milan

Cette Famille a donné, a la Toscane

l'Eglise et 2 Reines à la France

Milan après son oncle Othon Visconti, qui

Mathieu prit le titre de Seigneur général en 1317. en

En 1378, un riche négociant Sylvo

Pazzi, les Strozzi, et gouverne Florence

une puissance absolue sur le peuple

Branche-Aînée

1429, Cosme le Gd dit le Père de la Patrie

1464 Pierre Gout.

1469, Laurent et

Julien, assassiné par les Pazzi. 1478.

1478, Laurent seul, dit le Magnifique et le Père des Muses

1494 Pierre II exilé en 1497 mort en 1503

Julien exilé en 1497

Restauration des Médicis

Laurent fait Duc d'Urbin par son oncle Léon X

1512, Julien II banni en 1527

Catherine de Médicis Henri II roi de Fr.

Alexa

Duché héréditaire de Toscane

1530 Alexandre une fille naturelle de Charl-Quint qui le crée duc héréditaire; il est assassiné par Laurent III son parent 1537

N.B. Le Duché passe à Cosme branche cadette

rienne + 1327 Valentine Doria

Jean Card. arch et Seigneur de Milan.

Galéas

Barnabé

dinal; ils se partagent les villes, à l'exception de Gênes qui restent dans la Communauté

Les Sforze parviennent au Duché (1447)

1447, François, Blanche-Marie.

1466 Galéas M. Bonne de Savoie il est poignardé

Louis-le-More.

1476. Jean-Galéas Isabelle de Naples; il est empoisonné.

François meurt en France, abbé de Noirmoutiers, dépouillé par son oncle

Bonne + 1558 Sigismond de Pologne.

1493, Louis-le-More: appelle Charles VIII en Italie, est prisonnier et meurt à Loches ....

1514 Maximilien meurt à Paris.

François

1522 François dernier duc de Milan.

+ 1535.

N.B. A l'extinction des Sforze, Charles-Quint saisit le Duché de Milan et en investit son fils Philippe II, qui le rattacha à l'Espagne.

Famille des Médicis.

Cette Famille à donné, à la Toscane, 9 Maîtres ou Gonfaloniers, 6 Ducs, 7 Grands Ducs, 2 Papes à l'Église et 2 Reines à la France, de 1378 à 1738.

En 1378, un riche négociant, Sylvestre de Médicis, soulève la multitude contre les Albizzi, les Pazzi, les Strozzi, et gouverne Florence sous le titre Gonfalonier, Jean son fils, exerce, au même titre, une puissance absolue sur le peuple, qui le proclame Père des Pauvres.

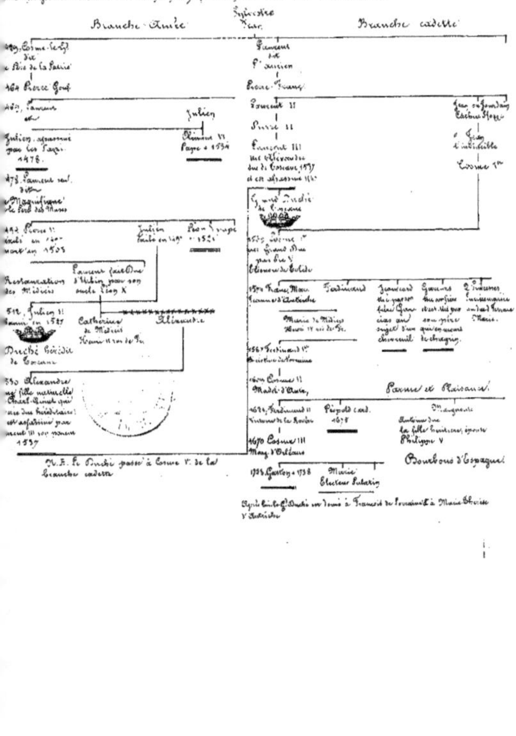
Sylvestre
Jean
Branche Aînée
Branche cadette
1429, Cosme le Gd dit le Père de la Patrie
1464 Pierre Gout.
1469, Laurent
Julien
Julien, assassiné par les Pazzi. 1478.
Clément VII Pape + 1534
1478. Laurent seul dit le Magnifique le Père des Muses
1492 Pierre II exilé en 1494 mort en 1503
Julien
Léon X pape + 1521
Laurent fait Duc d'Urbin par son oncle Léon X
Restauration des Médicis
1512, Julien II
Catherine de Médicis Henri II roi de Fr.
Alexandre
Duché héréditaire de Toscane
1530 Alexandre
1537
N.B. Le Duché passe à Cosme Ier de la branche cadette
Laurent dit l'ancien
Pierre-François
Laurent II
Pierre II
Laurent III
Jean
Cosme Ier
Grand Duché de Toscane
Cosme Ier
1574 François Marie Jeanne d'Autriche
Ferdinand
Marie de Médicis Henri IV roi de Fr.
1587 Ferdinand Ier
1609 Cosme II
Parme et Plaisance
Léopold card. 1675
Marguerite
Philippe V
1670 Cosme III
Bourbons d'Espagne
Gaston + 1738
Marie Électeur Palatin

Les Visconti et les Sforze, ducs de Milan

Mathieu Visconti, dit le Grand, gouverna dans Milan après son oncle Othon Visconti, qui en était archevêque et en avait chassé les Torriani. Mathieu prit le titre de Seigneur général en 1317. et mourut en 1322.

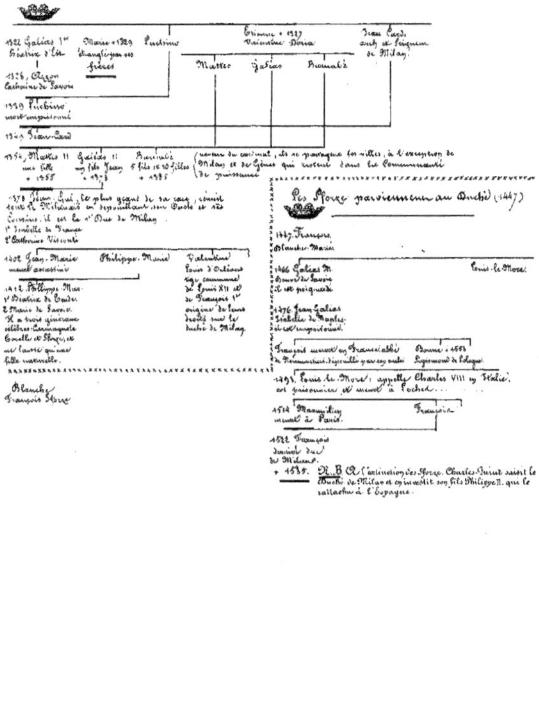
1322 Galéas Ier Béatrix d'Este
Marc + 1329 étranglé par ses frères
Luchino
Étienne + 1327 Valentine Doria
Jean Card. arch. et Seigneur de Milan.
Matteo
Galéas
Barnabé
1328, Azzon Catherine de Savoie
1339 Luchino mort empoisonné
1349 Jean Card
1354, Matteo II une fille + 1355
Galéas II un fils Jean + 1378
Barnabé 5 fils et 10 filles + 1385
Jean-Marie
Philippe-Marie
Valentine
Louis d'Orléans tige commune de Louis XII et de François Ier origine de leurs droits sur le duché de Milan.
Blanche
François Sforze
Les Sforze parviennent au Duché (1447)
1447. François Blanche-Marie
1466 Galéas M.
Louis le More
1476 Jean Galéas Isabelle de Naples. il est empoisonné.
Bonne + 1558 Sigismond de Pologne
1494. Louis le More: appelle Charles VIII en Italie. est prisonnier et meurt à Loches...
1512 Maximilien meurt à Paris.
François
1522 François dernier duc de Milan.
+ 1535.
N.B. À l'extinction des Sforze. Charles-Quint saisit le Duché de Milan et en investit son fils Philippe II. qui le rattache à l'Espagne.

DE L

Moderne.

USE.

nt de

pourvu

dinations;

aux

éfor-

l'Église

el, etc.,

reçus

es abus,

s, etc

3 patri-

s.

—Oeuvres: SPIRITUELLE DE L'ARCHICONFRÉRIE, etc., etc.

Paris sau

23 COMMU LIBRES pour la pauvreté, la maladie,

la vielless.

—Missions es persécutions, ses Confesseurs et ses Martyrs.

—Oeuvres de œuvre des Tabernacles.

—Orateurs ell, — Mgr Dupanloup, —

Mgr de iand — Gerbet, etc., etc.,

IMPR.

GLOIRES DE L'ÉGLISE.

Âge Moderne.

Ordres Monastiques. Propagateurs et Défenseurs de la Foi. Conciles, etc.

15me SIÈCLE.

1448. L. CONFRÉRIE DES PÉNITENTS NOIRS DE LA MISÉRICORDE, [illegible]

1457. L. FRÈRES MINIMES, [illegible] S. François de Paule [illegible] Louis XI.

L. PAUVRES VOLONTAIRES, [illegible]

L. ANNONCIADES, [illegible]

— Missions: S. Vincent Ferrier, [illegible]

16me SIÈCLE.

1524. L. CHANOINES RÉGULIERS DE St-JEAN-DE-LATRAN, [illegible] Théatins [illegible] J. P. Caraffa [illegible]

1530. L. BARNABITES. [illegible]

1531. L. SOMASQUES, [illegible]

1534. L. JÉSUITES (ou la Compagnie de Jésus), [illegible] S. Ignace de Loyola [illegible] Paul III (1540) [illegible]

[illegible]

1540. L. FRÈRES DE LA CHARITÉ, [illegible]

1583. L. PÈRES DE L'ORATOIRE, [illegible] S. Philippe de Néri [illegible] Paul V [illegible] Mascaron, Malebranche, Massillon [illegible]

1586. L. CLERCS RÉGULIERS — MINISTRES DU BIEN MOURIR, [illegible]

1587. L. URSULINES, [illegible]

1597. RELIGIEUSES DE LA CONGRÉGATION DE NOTRE-DAME, [illegible]

— Ordres Réformés (1528) les Capucins, [illegible] Matteo Bassi [illegible]

L. CARMES DÉCHAUSSÉS et les CARMÉLITES, [illegible] Ste Thérèse [illegible] S. Jean de la Croix [illegible]

L. CHANOINES RÉGULIERS DE St-SAUVEUR [illegible]

— Missions [illegible] S. François Xavier [illegible]

— Écrivains: [illegible] S. Charles Borromée, etc.

Concile de Trente, (18me œcuménique)

1545 — 1563.

[illegible] Luther [illegible]

[illegible]

SUR LA CHAIRE PONTIFICALE: Paul III, Jules III, Marcel II, Paul IV et Pie IV. — EN ALLEMAGNE: Charles-Quint et Ferdinand Ier. — EN FRANCE: François Ier, Henri II, François II et Charles IX. — EN ANGLETERRE: Henri VIII, Édouard VI, Marie, Élisabeth. — EN ESPAGNE: Philippe II. — EN PORTUGAL: Jean III et Sébastien. — EN RUSSIE: Ivan III. — EN DANEMARK: [illegible] — EN SUÈDE: Gustave Wasa. — EN POLOGNE: Sigismond Ier et [illegible] Sigismond [illegible]

[illegible]

1° L'EXTIRPATION DES HÉRÉSIES.

[illegible]

2° LA RÉFORMATION DE LA DISCIPLINE ECCLÉSIASTIQUE ET RELIGIEUSE.

[illegible] Catéchisme (dit du Concile de Trente) [illegible] Séminaires.

[illegible]

Convocation [illegible] 8 Décembre 1869.

17me SIÈCLE.

1600. L. PIARISTES, [illegible] Paul V [illegible]

1601. L. PICPUTIENS, [illegible]

1618. L. CONGRÉGATION DE St-MAUR, [illegible] Grégoire XV [illegible] Mabillon, Montfaucon, [illegible]

1625. L. LAZARISTES, — PRÊTRES DE LA MISSION, [illegible] S. Vincent de Paul [illegible] Urbain VIII [illegible]

1641. L. SULPICIENS [illegible] M. Olier [illegible]

1680. L. FRÈRES DES ÉCOLES CHRÉTIENNES [illegible] J. B. de la Salle [illegible]

[illegible]

1604. L. ANNONCIADES CÉLESTES, [illegible] S. Denis.

1611. L. VISITANDINES, [illegible] S. François de Sales et Ste Chantal; [illegible] Urbain VIII [illegible]

1627. L. DAMES DE LA PRÉSENTATION, [illegible]

1634. L. SŒURS GRISES, — FILLES DE LA CHARITÉ; [illegible] S. Vincent de Paul [illegible]

N.B. L. SŒURS DE Ste-MARTHE, — DE LA SAGESSE, — DE N.-D. DE LA CHARITÉ [illegible]

1642. L. SŒURS HOSPITALIÈRES DE St-JOSEPH, [illegible]

N.B. D'AUTRES RELIGIEUSES DE St-JOSEPH, [illegible]

1680. L. SŒURS DES ÉCOLES DE L'ENFANT JÉSUS, [illegible]

— Missions: — LA PROPAGANDE (1622), [illegible] Grégoire XV [illegible] Urbain VIII [illegible]

— Légions d'Apôtres [illegible] Missionnaires [illegible] Canada, etc., etc.

— D'autres Missionnaires [illegible]

— Écrivains Apologétiques: [illegible] Thomassin [illegible] Mabillon [illegible] Bossuet [illegible] Fénelon [illegible]

18me SIÈCLE.

[illegible]

EN ITALIE (1732), L. RÉDEMPTORISTES, [illegible] LIGUORISTES, [illegible] S. Alphonse de Liguori [illegible] Benoît XIV.

L'INSTITUTION DES SOURDS-MUETS, [illegible] l'abbé de l'Épée [illegible]

— Missions: [illegible]

— Écrivains Apologétiques: [illegible]

19me SIÈCLE.

RÉAPPARITION SUCCESSIVE, EN FRANCE, [illegible]

[illegible] INSTITUTIONS NOUVELLES, [illegible]

1825. LES MARISTES, — FRÈRES DE MARIE, [illegible]

L. PRÊTRES DU St-ESPRIT, — DU St-CŒUR DE MARIE, [illegible]

L. PÈRES DE LA MISÉRICORDE, [illegible]

L. PASSIONISTES.

L. PETITES SŒURS DES PAUVRES, [illegible] Pie IX

L. RELIGIEUSES DU BON-PASTEUR, — DE St-MICHEL, — DE St-CHARLES, — DE LA Ste FAMILLE, — L. SŒURS DU BON-SECOURS, — L. FILLES DE LA CROIX, — L. SŒURS DE NOTRE-DAME, — DE L'ESPÉRANCE, — DE LA PROVIDENCE, — DE MARIE RÉPARATRICE, — L. DAMES ANGLAISES, — DU St-SACREMENT, — DE NAZARETH, — DE NOTRE-DAME-DES-ARTS, — L. DAMES DU SACRÉ-CŒUR, — DE Ste-CLOTILDE, — DE L'ASSOMPTION, — DE LA RETRAITE, etc., etc.

— Œuvres: — de S. Vincent de Paul — de S. François Régis — du Patronage — des Incurables — des Convalescents — ŒUVRE SPIRITUELLE DE L'ARCHICONFRÉRIE, etc.

[illegible]

23 COMMUNAUTÉS RELIGIEUSES [illegible] — 37 SOCIÉTÉS [illegible] — 31 ASSOCIATIONS LIBRES [illegible] — 21 SOCIÉTÉS [illegible] — 9 SOCIÉTÉS [illegible]

— Missions: [illegible]

— Œuvres de la Propagation de la Foi — de la Ste Enfance — des Écoles d'Orient — de S. François de Sales — œuvre apostolique — œuvre des Tabernacles.

— Orateurs sacrés et Écrivains: [illegible] O'Connell — Mgr Dupanloup — Mr de Montalembert — Frédéric Ozanam — Auguste Nicolas — Rohrbacher — De Maistre — Chateaubriand — [illegible] etc. etc.

DE L'

Moderne

Pierre Leroux famille ne crée plus l'héritier; le

propriétaire, la pro

ie).

DE NOS JOURS ont pale, etc, qui, au nom de la science,

s'attaquent à la sonne, la Mission, les Actes,

la Mort, la Rel t encore combattues par des

écrivains catholiq de 1865.

D'AUTRES UTOPIS).

IMPR.

ÉPREUVES DE L'ÉGLISE,

Age Moderne.

Schismes. Hérésies. Systèmes Philosophiques. Utopies, etc.

15me SIÈCLE.

LES HUSSITES, [illegible]

16me SIÈCLE.

1546 __ **Martin Luther** [illegible]

DISCIPLES DE LUTHER [illegible]

1525 __ **Müncer** [illegible] Anabaptistes [illegible]

1531 __ **Acolampade** [illegible]

1541 __ **Carlostadt** [illegible]

1560 __ **Mélancthon** [illegible] Confession d'Augsbourg.

1562 __ **Lélius Socin** [illegible]

1566 __ **Jean Agricola** [illegible]

15.. __ **Nicolas de Munster** [illegible]

1531 __ **Zwingle** [illegible]

1564 __ **Calvin** [illegible] Guillaume Farel [illegible] Théodore de Bèze [illegible]

1547 __ **Henri VIII** [illegible] Chef [illegible] l'Église d'Angleterre [illegible]

1603 __ **Elizabeth** [illegible]

1572 __ **Jean Knox** [illegible]

1587 __ **Georges Fox** [illegible] Quakers [illegible]

LES ERREURS [illegible] Léon X [illegible] Concile de Trente [illegible]

N.B __ [illegible]

1589 __ **Michel Baius** [illegible]

17me SIÈCLE.

1638 __ **Jansenius** [illegible]

1° [illegible]

2° [illegible]

3° [illegible]

4° [illegible]

5° [illegible]

[illegible]

1642 __ Bulle **IN EMINENTI** [illegible]

1653 __ Bulle **CUM OCCASIONE** [illegible]

1705 __ Bulle **VINEAM DOMINI** [illegible] Bulle **UNIGENITUS** [illegible]

N.B. [illegible]

1696 __ **Michel Molinos** [illegible]

[illegible]

1682 __ **DÉCLARATION DU CLERGÉ DE FRANCE,** [illegible]

1° [illegible]

2° [illegible]

3° [illegible]

4° [illegible]

[illegible]

N.B. **ÉGLISE GALLICANE,** [illegible]

18me SIÈCLE.

LE PHILOSOPHISME [illegible]

Voltaire (1778) [illegible]

1778 __ **Jean-Jacques Rousseau,** [illegible]

1788 __ **Buffon,** [illegible]

1785 __ **Montesquieu,** [illegible]

1787 __ 1783. **Diderot** et **d'Alembert,** [illegible]

[illegible]

1790 __ **LA CONSTITUTION CIVILE DU CLERGÉ,** [illegible]

[illegible] Concordat [illegible]

19me SIÈCLE.

LES PHILOSOPHES, [illegible] Utopistes [illegible]

1823 __ **Saint-Simon,** [illegible]

1837 __ **Charles Fourier,** [illegible]

Pierre Leroux, [illegible]

DE NOS JOURS [illegible]

D'AUTRES UTOPISTES: [illegible]

www.ingramcontent.com/pod-product-compliance
Lightning Source LLC
LaVergne TN
LVHW021810170726
843503LV00007B/3132
* 9 7 8 2 3 2 9 6 8 9 7 6 0 *